OS LIVROS
Proféticos

Dados Internacionais de Catalogação na Publicação (CIP)
(Câmara Brasileira do Livro, SP, Brasil)

Fonsatti, José Carlos
  Os livros proféticos / José Carlos Fonsatti – Petrópolis, RJ : Vozes, 2022. – (Coleção Introdução à Bíblia)

  ISBN 978-65-5713-490-0

  1. Bíblia. A.T. Profetas – Introduções I. Título. II. Série.

21-88165   CDD-224.061

Índices para catálogo sistemático:
1. Os livros proféticos : Antigo Testamento : Bíblia : Introduções   224.061

Cibele Maria Dias – Bibliotecária – CRB-8/9427

Pe. José Carlos Fonsatti, CM

OS LIVROS
Proféticos

Petrópolis

© 2022, Editora Vozes Ltda.
Rua Frei Luís, 100
25689-900 Petrópolis, RJ
www.vozes.com.br
Brasil

Todos os direitos reservados. Nenhuma parte desta obra poderá ser reproduzida ou transmitida por qualquer forma e/ou quaisquer meios (eletrônico ou mecânico, incluindo fotocópia e gravação) ou arquivada em qualquer sistema ou banco de dados sem permissão escrita da editora.

CONSELHO EDITORIAL

Diretor
Gilberto Gonçalves Garcia

Editores
Aline dos Santos Carneiro
Edrian Josué Pasini
Marilac Loraine Oleniki
Welder Lancieri Marchini

Conselheiros
Francisco Morás
Ludovico Garmus
Teobaldo Heidemann
Volney J. Berkenbrock

Secretário executivo
Leonardo A.R.T. dos Santos

Diagramação: Victor Mauricio Bello
Revisão gráfica: Alessandra Karl
Capa: Editora Vozes

ISBN 978-65-5713-490-0

Este livro foi composto e impresso pela Editora Vozes Ltda.

SUMÁRIO

Apresentação, 7

I. INTRODUÇÃO AO PROFETISMO BÍBLICO, 9

1. Terminologia, 12
2. Características do profetismo bíblico, 15
3. Evolução do profetismo bíblico, 20

II. INTRODUÇÃO AOS LIVROS DOS PROFETAS, 29

1. Os profetas anteriores ao exílio, 30
   Contexto histórico, 30
   1.1. Os profetas do século VIII a.C., 34
       1. Amós, 34
       2. Oseias, 37
       3. Isaías, 40
       4. Miqueias, 46
   1.2. Os profetas do século VII a.C., 47
       1. Naum, 48
       2. Sofonias, 49
       3. Habacuc, 50
       4. Jeremias, 51
       5. Baruc, 58
2. Os profetas do exílio, 61
   Contexto histórico, 61
   1. Ezequiel, 63
   2. O Segundo Isaías, 71

3. Os profetas do pós-exílio, 76

Contexto histórico, 76

1. Ageu, 78
2. Zacarias, 79
3. Abdias, 81
4. Terceiro Isaías, 82
5. Joel, 82
6. Malaquias, 83
7. Jonas, 84
8. Daniel, 86

Referências, 89

APRESENTAÇÃO

Deus sempre se serviu do próprio ser humano para salvar toda a humanidade. Assim, Deus agiu na vida dos Patriarcas, e fez deles os pais do povo de Israel. Moisés foi o instrumento divino na libertação de Israel da opressão no Egito. Por meio dele Deus conduziu seu povo pelo deserto por quarenta anos, em direção da Terra Prometida aos Patriarcas.

Os profetas tiveram um papel importante na história da salvação entre os séculos VIII ao III a.C. Antes de nos falar pelo seu próprio Filho feito Homem, Jesus de Nazaré, Deus falou pelos profetas. Eles foram chamados pelos rabinos de "boca de Deus".

Os profetas bíblicos não foram homens que previram o futuro. Mas sim, homens que falaram em nome do Deus que os escolhera e lhes comunicava suas palavras. As suas palavras de exortação, de esperança, de condenação causaram tanto impacto que seus discípulos as recolheram e redigiram, para que iluminassem aqueles que viriam depois.

Este livro apresenta uma introdução ao estudo dos profetas bíblicos. Consta de duas grandes partes: Uma, introdução geral ao profetismo bíblico, e, outra, introdução específica a cada um dos livros proféticos.

Os profetas e seus livros não estão apresentados na ordem que ocupam no cânon do Antigo Testamento, mas em ordem cronológica. As suas palavras se tornam mais claras quando os situamos no contexto histórico em que viveram e pregaram. Por essa razão, antes de apresentar os profetas de um determinado século, é sempre oferecido um pequeno resumo, sobretudo de sua referida situação política. É certo de que há dificuldades em situar alguns deles com exatidão na cronologia do Antigo Testamento. Mas é possível para a grande maioria deles.

As palavras dos profetas continuam atuais e podem iluminar muitas circunstâncias da nossa realidade.

Faço votos que este livro seja útil àqueles que buscam sempre mais aprofundar seu conhecimento da Palavra de Deus.

Pe. José Carlos Fonsatti, CM

INTRODUÇÃO AO PROFETISMO BÍBLICO

I

O profetismo não é exclusividade de Israel. Em muitos povos do antigo Médio Oriente, como na Assíria, na Mesopotâmia, no Egito e mesmo na Grécia encontramos homens e mulheres que falaram em nome de seus deuses. A própria Bíblia menciona o Profeta Balaão contratado por Balac, rei de Moab, para amaldiçoar as tribos de Israel (cf. Nm 22-24) ou os 400 sacerdotes de Baal que profetizavam no tempo do Rei Acab (cf. 1Rs 18,21s.).

Esses homens e mulheres eram os mediadores entre os deuses e os homens. Por meio deles as pessoas procuravam conhecer a vontade dos deuses sobre os mais variados assuntos. Todos esses intermediários eram pessoas profundamente religiosas.

O Antigo Testamento sempre questionou a validade de tais mediações. Por isso, a Lei de Moisés proibiu os israelitas de consultar tais personagens (Dt 18,10-12). Mas a fé judaica sempre admitiu a possibilidade de verdadeiros intermediários entre Deus e os homens.

No tempo dos Patriarcas, muitas vezes, Deus se serviu de anjos para entrar em contato com as pessoas (cf. Gn 16,7-12: na expulsão de Agar; Gn 22,11-12.15-18: no sacrifício de Isaac; Jz 2,1-5: na vocação de Gedeão; Jz 13: no anúncio do nascimento de Sansão). Porém, o anjo é intermediário em um único sentido: de Deus para o homem.

Depois da instituição do sacerdócio, o sacerdote tornou-se o intermediário entre Deus e os homens. Tanto Saul como Davi consultaram várias vezes o sacerdote, sobretudo nas guerras. Para conhecer a vontade de Deus o sacerdote usava o Urim e o Tumim.

Mas os grandes intermediários entre Deus e os homens foram os profetas. Eles são o objeto de nosso estudo.

Os judeus dividem a Bíblia em três partes: a Lei, os Profetas e os Escritos.

Os Profetas são divididos em dois grupos:

- Os Profetas anteriores: são os livros que nós chamamos de Históricos: Josué, Juízes, Samuel e Reis.

- Os Profetas posteriores: correspondem aos nossos Livros Proféticos, porém com algumas modificações.

Na Bíblia hebraica os Livros Proféticos são apenas quatro: Isaías, Jeremias, Ezequiel e os Doze Profetas Menores.

A ordem dos Doze Profetas Menores é diferente no texto hebraico e no texto grego da Setenta:

- No texto hebraico (TM = texto massorético): Oseias, Joel, Amós, Abdias, Jonas, Miqueias, Naum, Habacuc, Sofonias, Ageu, Zacarias e Malaquias.
- No texto grego (LXX): Oseias, Amós, Miqueias, Joel, Abdias, Jonas, Naum, Habacuc, Sofonias, Ageu, Zacarias e Malaquias.
- No texto latino (Vulgata) e, consequentemente, em nossas edições em português, se manteve a ordem da Bíblia hebraica (TM).

A classificação dos Livros Sagrados na Bíblia católica segue outra ordem: Pentateuco, Livros Históricos, Livros Sapienciais e Livros Proféticos. Note-se que os Livros dos Profetas foi colocado no final do Antigo Testamento com o objetivo de aproximá-los do Novo Testamento. Em primeiro lugar estão os quatro Profetas Maiores: Isaías, Jeremias, Ezequiel e Daniel, e depois os Profetas Menores colocados na ordem que se encontra na Bíblia hebraica, e considerados individualmente: Oseias, Joel, Amós, Abdias, Jonas, Miqueias, Naum, Habacuc, Sofonias, Ageu, Zacarias e Malaquias.

Nós vamos estudar os profetas seguindo a ordem cronológica:

- Profetas anteriores ao exílio: Amós, Oseias, Isaías, Miqueias, Naum, Sofonias, Habacuc, Jeremias, Baruc.
- Profetas do exílio: Ezequiel e Dêutero-Isaías.
- Profetas posteriores ao exílio: Abdias, Ageu, Zacarias, Terceiro Isaías, Joel, Malaquias, Jonas e Daniel

1

TERMINOLOGIA

Enquanto nós usamos uma única palavra para definir esses intermediários entre Deus e os homens, a Bíblia hebraica usa vários termos. Tomemos o texto de 1Sm 9,3-13. Nele, o profeta, no caso Samuel, é chamado de: homem de Deus, vidente e profeta. São três termos usados para indicar a mesma pessoa.

1.1 HOMEM DE DEUS

Esse termo é usado para identificar alguns profetas como, Samuel (1Sm 9,6-10), Elias (1Rs 17,18.24) e Eliseu (2Rs 4). Mas é também usado para identificar outros personagens como Moisés (Dt 33,1) Davi (2Cr 8,14), que são chamados "homens de Deus".

Essa expressão deixa claro que a pessoa possui uma relação estreita com Deus que o capacita inclusive a fazer milagres. A viúva de Sarepta, depois da ressurreição de seu filho, disse a Elias: *"Agora eu sei que és homem de Deus e que a palavra de Deus que pronuncias se cumpre"* (1Rs 17,24).

Porém, a expressão "homem de Deus" parece ser um título honorífico e como tal se aplica a muitos personagens bíblicos, inclusive aos profetas.

1.2 VIDENTE

Em hebraico são usados dois termos para indicar o vidente: "hozeh" e "ro´eh". Os verbos dos quais se formaram essas palavras significam VER.

Samuel é chamado várias vezes de vidente (1Sm 9, 9.11.18.19), como também Ananías (2Cr 16,7.10) e o Sacerdote Sadoc (2Sm 15,17). O Profeta Gad é chamado de "vidente de Davi" (2Sm 24,11); Amós não aceita o título de vidente que lhe dá Amasias, o sacerdote de Betel (Am 7,12); Miqueias critica os que vendem as visões por dinheiro (Mq 3,7).

A nota de 1Sm 9,9 identifica o vidente com o profeta e parece sugerir que o termo é mais antigo do que a palavra "profeta".

"Antigamente, quando em Israel alguém ia consultar Deus, dizia: Vamos ao vidente! Pois o que hoje em dia se chama profeta, antes se chamava vidente".

Os dois termos parecem sugerir que o profeta tinha uma clarividência especial: ele via o que outros não viam. Isso lhe permitia perceber a ação de Deus em determinados acontecimentos.

1.3. PROFETA

"NABI" é o termo hebraico mais frequente no Antigo Testamento para indicar o profeta. É usado aproximadamente 315 vezes. Mas essa abundância de citações cria um grande problema porque a palavra é aplicada às mais diversas pessoas.

São chamados profetas ou profetisas: Abraão (Gn 20,7); Aarão (Ex 7,1); Moisés (Dt 18,15-22); Miriam (Ex 15,20); Débora (Jz 4,4); Samuel (1Sm 3,20; 9,9); Gad (1Sm 22,5; 2Sm 24,11); Natã (2Sm 7,2; 12,25); Aías de Silo (1Rs 11,29); Jeú (1Rs 16,7.12); Elias (1Rs 18,22.36); Eliseu (2Rs 5,3.8.13; 6,12; 19,1); Jonas (2Rs 14,25); Isaías (2Rs 18-20).

NABI indica tanto o verdadeiro quanto o falso profeta; os profetas de Israel ou dos povos vizinhos. Assim, a Bíblia fala de "profetas de Baal" (1Rs 18,19) e de "profetas de Javé" (1Rs 18,4); Balaão, o cananeu, é chamado profeta (Nabi) (Nm 25,5-8).

Uma constatação interessante é que raramente alguém se autodenomina "profeta" (nabi). E normalmente se fala de modo negativo dos profetas (nabi). Essa avaliação pouco positiva do "NABI" pode ser explicada pelo uso antigo do termo que designava os profetas extáticos, que entravam em êxtases nos santuários para conhecer a vontade de Deus.

A origem do termo "nabi" é bastante controversa. Segundo a tese mais aceita, a palavra hebraica deriva do termo acádio "NABU' que indica a ação de proclamar, gritar, chamar. A palavra hebraica deve ser entendida no sentido passivo, isto é, o que foi chamado, no sentido de que houve uma vocação divina para uma determinada missão.

Os tradutores gregos da Bíblia, a chamada "SETENTA", usaram indistintamente o termo "PROPHETES" para traduzir os três termos hebraicos ("nabi", "hozeh", "ro´eh").

"Prophetes" era a palavra mais usada para indicar os mensageiros dos deuses. A palavra grega foi transliterada para o latim como PROFETA, de onde deriva nossa palavra "Profeta". A palavra grega PROPHETES é formada pela preposição PRO e pelo verbo FEMI que significa dizer, proclamar. A preposição **PRO** pode ser entendida de vários modos:

- **em sentido temporal**: antes de. Profeta seria, então, aquele que diz antes de acontecer. Aquele que prediz.

- **em sentido local**: diante de. Profeta seria aquele que fala diante de alguém, seja ele o rei, o sacerdote ou o povo.

- **em sentido substitutivo** no lugar de. Profeta seria aquele que fala no lugar de Deus. Parece ser este o sentido usado no Antigo Testamento. Normalmente os profetas são vistos como os arautos, os porta-vozes de Deus.

Os rabinos chamaram os profetas bíblicos de "boca de Deus". E nós professamos no Símbolo Nicenoconstantinopolitano: "Creio no Espírito Santo que falou pelos profetas".

Os profetas bíblicos não foram videntes, isto é, eles não tinham como vocação prever o futuro. O profeta foi alguém que soube ler nos acontecimentos da história o plano de Deus. Soube descobrir os sinais dos tempos e interpretá-los no sentido religioso. Por isso, os profetas estavam atentos a todos os acontecimentos nacionais e internacionais de seu tempo. Não apenas descreveram os fatos, mas analisaram-nos à luz da Aliança do Sinai. Não fizeram crônicas, mas descobriram o plano divino nos acontecimentos da história. A análise que eles fizeram dos acontecimentos não foi uma análise política, mas se basearam na fidelidade dos governantes, sacerdotes e de todo o povo à Aliança. A catástrofe nacional, o exílio, ocorrido em 586 a.C., foi o resultado da infidelidade à Aliança.

Enquanto o termo hebraico define o profeta como aquele que foi chamado, convocado, o termo grego afirma que ele foi chamado para falar em nome de Deus.

CARACTERÍSTICAS DO PROFETISMO BÍBLICO

2

O profetismo bíblico apresenta algumas características que o diferenciam de outros ofícios em Israel, como o sacerdócio e a realeza: a vocação, a revelação ou inspiração e a comunicação.

A vocação

Ninguém nasce com inclinação para o profetismo. Ninguém nasce profeta. É Deus quem escolhe seus profetas, quem chama determinadas pessoas para serem seus mensageiros. Portanto, na origem da profecia está sempre a vocação, o chamado divino.

Ao contrário do sacerdócio que era hereditário, e reservado exclusivamente para os homens da tribo de Levi, o profetismo é pessoal e, ao chamar, Deus não faz distinção de sexo, de classe social, de idade, estado civil ou tribo.

Também não existe uma psicologia própria comum aos profetas. Eles foram pessoas muito diferentes entre si: Isaías tinha um caráter forte e ofereceu-se generosamente para a missão profética (Is 6,8); Jeremias era tímido e se sentiu incapaz (1,6); Jonas fugiu da responsabilidade que lhe foi confiada; Elias foi inflexível.

Da sua parte, Deus nunca escondeu aos seus profetas as dificuldades inerentes à missão que lhes confiava. Desde o primeiro momento, Deus deixou claro que a missão confiada tinha seus percalços e riscos (Is 6,9s.; Jr 1,6s.; Ez 2,3-7). Por isso, os escolhidos sempre demonstraram sua incapacidade e muitas vezes resistiram ao chamado. Mas, usando a expressão de Jeremias, todos eles foram "seduzidos pelo Senhor".

Moisés apresenta como motivo de recusa sua gagueira (Ex 3,11-4,17); Jeremias diz que é muito jovem (1,4-6.17-19; 20,7.18); Amós (3,3-8; 7,10-16); Ezequiel (2,2-3,15). Portanto, os escolhidos não tinham nenhuma inclinação natural ao profetismo, não possuíam uma psicologia própria e estavam conscientes das dificuldades da missão. Uma pessoa se torna profeta quando o Espírito de Deus

Como explicar esse fenômeno?

vem sobre ela e a transforma em uma nova pessoa. O Espírito de Deus reveste a pessoa transformando-a. Não há nada de decisivo, de preparatório ou de eficaz para conseguir essa união com o Espírito Santo. Porque não é o profeta que busca Deus, mas é Deus que chama e capacita seu profeta.

O profeta tinha plena consciência de ter sido escolhido por Deus, de ter recebido uma vocação pessoal que exigia a dedicação total de sua vida ao serviço de Deus. Sabia que sua vocação vinha diretamente de Deus, sem intermediários. Ao mesmo tempo sabia que sua vocação era única, específica. A vocação do profeta é uma experiência religiosa pessoal.

É certo que o profeta não pode preparar-se de nenhum modo para a missão que lhe é confiada. Mas não se pode negar que Deus tenha preparado secretamente seu profeta dando-lhe qualidades naturais que ajudarão na execução da missão.

> *"Antes mesmo de te modelar no ventre materno, eu te conheci; antes que saísses do seio, eu te consagrei. Eu te constituí profeta das nações"* (Jr 1,5).

A revelação

Com a vocação a pessoa recebe o dom da profecia. A profecia é um dom sobrenatural, um carisma transitório, mesmo que dure toda a vida do profeta. Isso quer dizer que o profeta não pode usar esse dom quando e onde quiser, mas tão somente quando o Senhor lhe comunicar algo para ser transmitido.

Por isso, muitas vezes os profetas se equivocaram ou tiveram que esperar algum tempo para saber qual era a palavra do Senhor. Por exemplo: quando resolveu construir o Templo de Jerusalém, Davi consultou o Profeta Natã que lhe disse: *"Podes fazer tudo o que estiver no teu coração, pois Deus está contigo"* (1Cr 17,2). Porém, essa não era a vontade de Deus. À noite Deus lhe revelou sua palavra que contradizia o que ele dissera a Davi. Por esse motivo, Deus o mandou de volta a Davi: *"Vai dizer ao meu servo Davi: Assim fala o Senhor: Não serás tu que me vais construir uma casa para eu morar"* (1Cr 17,4).

Nesse sentido também é interessante o capítulo 28 de Jeremias. Diante da ação de Hananias, Jeremias não sabe o que fazer e concorda com suas palavras. Só mais tarde Deus lhe revela que Hananias é um falso profeta e que não agiu em seu nome.

Portanto, era em momentos privilegiados que o Senhor se comunicava com seu profeta dando-lhe conhecer suas palavras. Deus entrava em contato com seu profeta não só com palavras, mas também com visões. Porém, as visões são sempre acompanhadas da palavra que as interpreta e explica (Am 7,1s.; 8,1s.; 9,1s.; Ez 2,1s.).

> *Como o profeta distinguia entre a palavra do Senhor e a sua própria palavra?*

Nem sempre era fácil essa distinção. O Profeta Jeremias afirma que a palavra do Senhor era como um fogo que queimava e que ultrapassava a vontade humana:

> *"Quando pensava: 'Não me lembrarei mais deles, já não falarei em seu nome', então sentia em meu coração como um fogo devorador, encerrado em meus ossos"* (Jr 20,9).

A palavra de Deus é apresentada pelos profetas como uma força irresistível que domina a vontade humana, como um fogo que queima. É também uma luz que ilumina o intelecto do profeta que, até aquele momento, ignorava os fatos. Assim, o profeta conseguia distinguir as suas próprias ideias das de Deus que eram como uma força e uma luz interior. O profeta não era um mero fantoche nas mãos de Deus. Ele sabia que falava em nome de Deus e compreendia o alcance de suas palavras.

> *Como Deus se comunicava com o profeta?*

Deus se comunicava de três modos:

- **Por meio de revelações externas ou sensíveis** – isto é, percebidas pelos sentidos (visão, audição, tato, olfato, gosto). São muito raras na Bíblia. Essas visões não são fruto de alucinações subjetivas, mas aconteceram realmente fora das percepções dos profetas.

Por exemplo:
- Moisés afirma que viu a sarça ardendo com fogo no Monte Sinai e se aproximou para ver o fenômeno. E ouviu a voz de Deus que lhe falava do meio do fogo (Ex 3).
- Samuel ouviu uma voz que o chamava durante a noite e a confundiu com a voz do sacerdote Eli (1Sm 3,1-14).
- Daniel afirma que durante o banquete do Rei Baltazar em que foram usados os vasos sagrados do templo de Jerusalém, *"De repente apare-*

ceram dedos de mão humana que iam escrevendo diante do candelabro, na parede do palácio, pintada de cal" (Dn 5,5).

- **Revelações internas** – Santo Agostinho as chama de visões espirituais. A comunicação divina é percebida pelos sentidos internos do profeta, criadas diretamente por Deus.

  - Visões: por exemplo, as cinco visões de Amós (Am 7,1-9); a visão da glória de Deus narrada por Isaías (6,4); a visão dos ossos ressecados descrita por Ezequiel (Ez 37).
  - Audição: Isaías ouve os serafins cantando: "Santo, Santo, Santo é o Senhor Deus dos exércitos" (Is 6,4b).
  - Tato: o próprio Isaías sente seus lábios serem tocados pelo carvão aceso (Is 6,6); Jeremias sentiu a mão do Senhor tocando seus lábios (Jr 1,9).
  - Gosto: Ezequiel sentiu na boca a doçura do mel quando comeu o rolo de pergaminho que lhe foi apresentado por Deus (Ez 3,3).

  Muitas vezes durante essas visões internas o profeta perdia seus sentidos externos. Mas não perdia a consciência de si mesmo e conservava todas as características pessoais: temperamento, cultura, saúde. Portanto, não se trata de alienações mentais próprias do profetismo pagão.

- **Revelações imediatas ou intelectivas** – é o modo mais seguro da comunicação divina. Deus comunica sua verdade diretamente no intelecto do profeta sem o uso de imagens e visões. Normalmente é acompanhada de expressões como: "Assim fala o Senhor" (Am 1,3; Is 3,16; 7,7; Jr 5,1); "A palavra do Senhor me foi dirigida nestes termos" (Jr 2,1; 3,1.6; Ez 6,1); "Ouvi a palavra do Senhor" (Am 3,1; Jr 10,1).

A comunicação

Depois de ser chamado por Deus e ter ouvido suas palavras, o profeta devia comunicá-las aos destinatários (povo, reis, sacerdotes). É então que ele se torna o porta-voz de Deus, sua boca, como diziam os rabinos.

Mas, entre o momento da revelação e do anúncio, existe um tempo de maturação da mensagem. O profeta deve assimilar e traduzir a palavra divina que lhe foi comunicada no linguajar próprio dos destinatários. Os exegetas chamam esse tempo de "formulação da mensagem". Além disso, Deus comunica um influxo sobrenatural sobre a vontade do profeta, para que ele possa comunicar aos outros a verdade revelada.

A maior parte da mensagem divina foi comunicada oralmente pelos profetas. Poucas vezes a mensagem foi transmitida por escrito. Exemplos: Jr 36; Ez 2,9-10.

Não foram os profetas que escreveram seus livros tais como os encontramos hoje na Bíblia. Seus oráculos foram transmitidos oralmente e foram seus discípulos que, mais tarde, redigiram os livros atuais. Ao fazer isso, os redatores acrescentaram notas históricas que facilitam a compreensão dos oráculos, notas biográficas etc. Também não se preocuparam com a cronologia exata dos oráculos, mas muitas vezes reuniram-nos em blocos temáticos. A redação final dos livros dos profetas aconteceu, durante ou imediatamente, depois do exílio na Babilônia.

3
EVOLUÇÃO DO PROFETISMO BÍBLICO

Existem várias formas de profetismo, dependendo dos vários tipos de religião, umas mais mágicas, outras místicas e outras mais racionais. Independente da forma, uma coisa era comum a todos os profetas: a consciência de se comunicar com o sobrenatural e a manifestação externa dessa experiência.

Houve uma evolução e mesmo convivência entre as diferentes formas de profetismo. Esse foi o caso de Israel. É difícil dizer quando surgiu o profetismo em Israel. Normalmente se coloca suas origens na época mosaica.

Na época patriarcal não encontramos nenhum profeta, embora Abraão receba esse título em Gn 20,7. É provável que o texto tenha influência da Tradição Eloísta, originada no reino de Israel, sob a influência dos círculos proféticos. Pode-se entender o termo "profeta" (nabi) no sentido lato, de intercessor, como sugere o contexto.

Durante a travessia do deserto não houve profetas em Israel a não ser Moisés. Nos casos mais importantes era Moisés quem consultava Deus na Tenda da Reunião. Moisés foi considerado o maior dos profetas (Nm 12,6-8; Dt 18,9s.; 34,10).

Para os casos mais simples a vontade de Deus era conhecida através do Urim e Tumin que era usado pelo sacerdote. O Urim e Tumim eram usados pelos sacerdotes para conhecer a vontade de Deus em determinadas situações. Não conhecemos nada a seu respeito, que forma tinham (pedras, dados, bastões) e qual deles indicava o sim ou o não. Sabemos que existiram porque são citados em vários textos do Antigo Testamento (cf. 1Sm 14,41; 23,10-12).

O primeiro contato de Israel com o fenômeno profético aconteceu durante a posse da terra, sobretudo no contato com a religião dos cananeus. Aliás, a religião dos cananeus sempre exerceu um grande atrativo nos israelitas. Corria-se o risco de abandonar Javé para cultuar Baal. Nesse contexto surgiram os "nazireus" homens totalmente dedicados à causa de Javé e dispostos a fazer de tudo para preservar o javismo.

O Livro dos Juízes apresenta a profetisa Débora (Jz 6,7-10) que era também Juíza em Israel. Não é claro por que Débora é chamada de profetisa.

Em 1Sm 2,27-36 se fala de um "homem de Deus" que censura o Sacerdote Eli por causa das transgressões de seus filhos. O texto em questão não usa a palavra "nabi", mas existe a realidade, isto é, um enviado de Deus fala e age em seu nome.

Mas foi a partir de Samuel que os profetas formaram uma cadeia ininterrupta durante seis séculos, aproximadamente de 1050 a 450 a.C.

Parece mais certo que, no início de Israel, o profetismo era um fenômeno coletivo e não pessoal. Se fala de "profetas", no plural. Esses profetas eram membros de corporações ou irmandades relacionadas com algum santuário. Eram grupos de pessoas que entravam em êxtase ou transe com o auxílio de músicas e danças. Como exemplo podemos lembrar os 400 profetas de Baal que *"dançavam dobrando o joelho diante do altar que tinham feito... gritavam... faziam incisões no próprio corpo com espadas e com lanças, até escorrer sangue. Quando passou do meio-dia entraram em transe até a hora da apresentação das oferendas..."* (1Rs 18,26-29).

Algo semelhante encontra-se também entre os profetas de Israel na época de Samuel e de Saul. Em 1Sm 10,5-13, o Profeta Samuel oferece a Saul uma série de indícios de sua escolha por Deus para ser o rei de Israel. Um desses sinais é o encontro com um grupo de profetas:

> *"... e acontecerá que, entrando na cidade (Gabaá ou Guibeá), defrontarás com um bando de profetas que vêm descendo do lugar alto, precedido de harpas, tamborins, flautas, cítaras, e estarão em estado de transe profético. Então o espírito de Javé virá sobre ti, e entrarás em transe com eles e te transformarás em outro homem"* (10,5).

No texto não aparece a palavra "profetizar". Mas se afirma que Saul será possuído pelo espírito de Javé e por isso se transformará em outro homem. Em que consiste essa transformação de Saul? É certo que, ao menos por um tempo, Saul participou da euforia do grupo de profetas; agiu como um deles, isto é, entrou em transe. O texto parece identificar o fenômeno profético com o transe, o êxtase.

Outro texto interessante está em 1Sm 19,18-24: Saul, sabendo que Davi se refugiara em Ramá onde estava Samuel e um grupo de profetas, enviou seus soldados para prendê-lo. Porém, eles não conseguiram porque também entraram em transe junto com o grupo de profetas. Quando Saul decide ir pessoalmente prender Davi, ocorre que o *"espírito de Deus se apossou dele, e ele caminhou em transe até chegar a Ramá"*.

Provavelmente não se tratava de um único grupo de exaltados, mas de vários, que surgiram algum tempo antes de Samuel. Eles mantinham uma relação com Samuel, embora nunca se afirme que Samuel participasse de seus transes. Pode ser que Samuel encorajasse esses grupos para manter vivo o entusiasmo de todos por Javé. O transe é atribuído ao espírito de Javé, mas outros elementos colaboravam, como a música, por exemplo.

Fenômeno semelhante encontramos na época dos profetas Elias e de Eliseu. É um período marcado pela tentativa da Rainha Jezabel de introduzir o culto de Baal e a oposição ferrenha de Elias.

Fala-se de "filhos de profetas". A expressão não deve ser entendida no sentido físico, mas no sentido de seguidores de profetas. Os textos são de difícil interpretação porque supõem que a realidade seja conhecida dos leitores e por isso não a descrevem.

Sabemos muito pouco desses grupos de profetas. São pessoas que entravam em transe. Como para os grupos de profetas do tempo de Samuel, o transe é atribuído ao "espírito de Javé", mas alguns meios exteriores como a música ajudavam no êxtase coletivo. Viviam perto de santuários como Betel ou Gilgal e tinham uma relação com o culto. Eram fiéis adoradores de Javé e defendiam o javismo contra as pretensões da Rainha Jezabel. Podiam ser casados (2Rs 4,1; 1Rs 13,11); viviam em comum (2Rs 2,3.5.7.15); viviam da caridade e em grande pobreza.

Alguns autores afirmam que foi no seio desses grupos de "filhos de profetas" que se conservaram e foram redigidas as primeiras tradições bíblicas que estão na base do Documento Eloísta e do Deuteronômio. Esses profetas, membros de corporações ou irmandades, eram muito diferentes dos profetas "escritores". Por isso Amós afirma: *"Não sou profeta, nem filho de profeta"* (Am 7,14).

A grande diferença entre os "filhos de profetas" e os profetas é que as pessoas acorriam a eles para consultar Javé, para conhecer a vontade de Javé. A palavra desses profetas era a resposta a uma consulta. Portanto, a iniciativa partia das pessoas e não de Deus.

Os profetas, a partir de Amós, falam em nome de Deus sem nenhuma iniciativa humana. O ponto de partida da profecia não é uma pergunta ou a vontade de alguém, mas unicamente a iniciativa de Deus.

No início da monarquia, sobressai-se a figura de Samuel, que era ao mesmo tempo uma espécie de juiz, como os Juízes da época pré-monárquica, e profeta:

*"Todo Israel, desde Dã até Bersabeia, soube que Samuel era creden-
ciado como profeta do Senhor"* (1Sm 3,21).

Ainda que tenha crescido no santuário de Silo, sob a tutela do Sacerdote Eli, os textos bíblicos não apresentam Samuel como sacerdote. Mesmo que o encontramos entre os profetas que entram em transe, não significa que fosse um deles.

No início do Livro de Samuel se narra a sua vocação (1Sm 3,1-4,1). Samuel foi escolhido por Deus como os outros profetas. A tradição fez dele o último Juiz de Israel no seguimento de outros Juízes da época pré-monárquica. Mas Samuel não foi um chefe militar como os outros Juízes. Quando se afirma que "julgou Israel em Mizpa" (1Sm 7,6), sua atuação se parece mais com a dos pequenos Juízes (Jz 10,1-5; 12,7-15).

Como profeta, Samuel interveio na política ungindo Saul como primeiro rei de Israel (1Sm 10,1s.), e depois ungindo Davi no seu lugar (1Sm 16). Em duas ocasiões reprovou as atitudes de Saul: na batalha de Macmas (1Sm 13,7-15) e na guerra contra os amalecitas (1Sm 15,10-23).

Com a ascensão de Davi ao trono, surgem dois importantes profetas: Gad e Natã. Eles são chamados de "Profetas da corte" porque sempre se dirigem ao rei e nunca falam ao povo. São como que os conselheiros do rei. Inclusive Gad é chamado de "vidente de Davi" (cf. 2Sm 24,11; 1Cr 21,9).

Apesar da proximidade física, se tem a impressão de que residiam no palácio real, eles mantiveram uma posição muito crítica em relação à monarquia.

- **Gad** intervém três vezes na vida de Davi: aconselhando-o a retornar para Judá (1Sm 22,5); censurando-o por realizar o censo no país (2Sm 24,11s.); e orientando-o para edificar um altar na eira de Areúna (2Sm 24,18s.).

- **Natã** é o principal profeta da corte de Davi. Interveio na vida do rei em três momentos decisivos: prometendo a duração eterna de sua dinastia e proibindo-o de construir o Templo (2Sm 7); condenando-o pelo adultério com Betsabeia e pelo assassinato de Urias (2Sm 12); e na nomeação de Salomão como rei (1Rs 1,11-48).

Além de Gad e Natã a Bíblia cita outros profetas da corte, mas que já não mantinham uma proximidade física com o rei. Eles não viviam no palácio real. Se o rei desejasse falar com o profeta deveria ir até ele ou chamá-lo. São eles:

| 23 |

- **Aías de Silo** – que aparece duas vezes no reinado de Jeroboão I, rei de Israel. Com uma ação simbólica, Aías dividiu o reino de Salomão em duas partes e deu uma delas a Jeroboão (1Rs 11,29-39); e depois condenou o rei por sua má conduta (1Rs 14,1-20).

- **Semeias** – interpretou a divisão do reino de Salomão como sendo vontade de Deus e dissuadiu o Rei Roboão de fazer guerra contra as tribos separatistas do Norte (1Rs 12,21-24).

- **Hanani** – advertiu Asa, rei de Judá, por sua aliança militar com Ben-Hadad, rei da Síria, contra Baasa, rei de Israel (2Cr 16,1-10).

- **Jeú, filho de Hanani** – profetizou contra Baasa, rei de Israel e sua descendência (1Rs 16,1-7).

- **Jeú** (não deve ser confundido com o anterior) – reprovou o rei de Judá, Josafá, por sua aliança com Acab, rei de Israel (2Cr 19,2).

- **Miqueias ben Jemla** – aparece na vida de Acab, rei de Israel, que se uniu a Josafá, rei de Judá, para lutar contra os sírios (1Rs 22).

- **Jaaziel** – inspirou Josafá, rei de Judá, a fazer uma guerra santa contra os amonitas e moabitas (2Cr 20,1-29).

Outros dois grandes profetas desse período são Elias e Eliseu. Ao contrário dos profetas anteriores, eles não podem ser considerados "Profetas da corte". Embora Eliseu tenha se envolvido na política de Israel, Elias nunca entrou no palácio real. Por isso, Elias e Eliseu são chamados de "Profetas populares".

- **Elias** desenvolveu sua atividade profética no reino de Israel entre os anos 874-852 a.C. durante os reinados de Acab e Ocosias. Sua atuação está descrita em 1Rs 17-19; 21; 2Rs 1-2.

  Elias é uma espécie de outro Moisés. Como Moisés ele também foi ao Monte Horeb (Sinai) onde teve uma grande manifestação divina; e também subiu aos céus na região da Transjordânia.

  Moisés é considerado o fundador do javismo e Elias foi seu principal defensor diante da ameaça do sincretismo religioso e da idolatria. Sua principal missão foi defender o monoteísmo javista contra o culto de Baal.

- **Eliseu** foi discípulo e continuador de Elias. Sua história está narrada em 2Rs 1-10; 13,14-21. Narra-se sua intervenção na política, patrocinando a unção de Jeú como rei de Israel; e também são narrados muitos milagres seus. Aliás, Eliseu supera qualquer outro personagem do Antigo Testamento em número de milagres. Ele manteve contatos estreitos com os "filhos de profetas", já mencionados (2Rs 2,3; 4,1.38; 5,22; 6,1). Embora existissem antes de Eliseu, esses grupos reconheciam no profeta um guia espiritual.

No século VIII a.C. surgiu um novo dado importante na profecia bíblica: o aparecimento de textos proféticos. A mensagem dos profetas começou a ser escrita. Por isso esses profetas são conhecidos como "profetas escritores".

Os profetas anteriores como Gad, Natã, Elias e Eliseu não deixaram nada escrito. Conhecemos uma série de histórias e anedotas sobre cada um deles, mas desconhecemos o conteúdo de suas pregações.

> *O que levou os profetas do século VIII a.C. em diante, ou seus discípulos, a escrever suas profecias?*

Uma das causas pode ser a difusão da escrita. Porém, existe uma causa mais importante. Os profetas anteriores a Amós eram "reformistas", isto é, acreditavam que os problemas políticos e sociais poderiam ser resolvidos mudando apenas os governantes, os reis e mantendo as mesmas estruturas sociais.

Já os profetas que viveram depois do século VIII a.C. mostram que a idolatria e a corrupção atingiram não apenas os governantes políticos ou religiosos, mas toda a nação. Israel e Judá eram muros tortos, prestes a ruir (Am 7,7-9), ou um cesto de figos maduros, quase apodrecidos (Am 8,1-3), ou ainda como uma árvore que deveria ser cortada (Is 6,11-13). Não havia outra solução senão uma catástrofe nacional que provocasse a destruição de todo o povo. Deus faria surgir um novo povo de um pequeno resto que se mantinha fiel (Is 6,13).

Essa pregação causou grande impacto no povo que considerava Israel e Judá como povo escolhido por Deus e, portanto, invencíveis. A destruição do reino de Israel em 722 a.C. pela Assíria e o de Judá em 586 a.C. pela Babilônia mostrou que os profetas tinham razão.

A maior parte dos livros proféticos foram escritos depois da catástrofe, durante o exílio, e serviram de reflexão sobre as causas da destruição dos dois reinos. Ninguém podia alegar que não fora advertido e alertado para a necessidade de uma mudança radical de vida.

No século VIII a.C. encontramos as figuras de Amós e de Oseias que são os únicos profetas escritores do reino de Israel. Na mesma época apareceram no reino de Judá os profetas Isaías e Miqueias de Moreshet-Gad (Morasti).

O século VII e o início do século VI a.c. foi a época mais dramática da história dos reinos de Israel e Judá. Nesse período exerceram seu ministério os profetas Naum, Sofonias, Habacuc, Jeremias, Baruc, secretário de Jeremias.

O Segundo Livro de Reis menciona ainda uma profetisa contemporânea de Jeremias chamada Hulda ou Holda, que foi consultada pelo Rei Josias sobre o Livro da Lei encontrado no Templo de Jerusalém (2Rs 22,11-20).

Todos esses profetas viveram antes do exílio.

De fato, em 586 a.C., Nabucodonosor, rei da Babilônia, invadiu o reino de Judá, destruiu o Templo e a cidade de Jerusalém e levou grande parte da população para o exílio na Babilônia. O exílio durou até o ano 539 a.C.

Durante o exílio, Deus falou a seu povo através do Profeta Ezequiel e de um profeta anônimo, conhecido como Segundo Isaías (Dêutero-Isaías) porque seus oráculos ocupam os capítulos 40 a 55 do livro do Profeta Isaías.

Após derrotar os babilônios em 539 a.C., Ciro, rei da Pérsia, permitiu o retorno dos exilados para a Judeia. Logo depois algumas caravanas de judeus retornaram para o antigo reino de Judá na esperança de reconstruir Jerusalém e, sobretudo, o templo. Durante esse período de reconstrução nacional exerceram o ministério profético: Ageu, Abdias, Zacarias, Joel e Malaquias.

Antigamente se identificou o personagem do Livro de Jonas com o Profeta Jonas, filho de Amitai, que viveu no século VIII a.C., na época de Jeroboão I, rei de Israel (2Rs 14,25). Hoje se considera ponto pacífico que se trata de pessoas diferentes. Normalmente o livro é datado entre os anos 400 e 200 a.C. Mais do que profecia, o livro é uma narração didática, com o intuito de transmitir um ensinamento.

Quanto ao Profeta Daniel, seu livro o apresenta como um judeu que viveu na Babilônia no século VI a.C., Porém, a crítica moderna situa o livro na época dos Macabeus (175-165 a.C.). O livro já contém uma série de textos apocalípticos.

A profecia se estendeu até o século III a.C. Entre os séculos II a.C. e II d.C. o profetismo vai cedendo lugar para a Apocalíptica.

Deus tinha prometido a Abraão e a seus descendentes a posse da Terra Prometida, a terra de Canaã. Entretanto, no século VI a.C., Israel perdera a posse da terra que se tornou parte do Império da Babilônia. Com a queda da Babilônia, Israel pode retornar para seu país, no entanto, a terra pertencia agora ao Império

Persa. Depois passou para o domínio dos gregos com a conquista de Alexandre Magno. Após sua morte, a Terra Prometida foi disputada pelos Ptolomeus do Egito e pelos Selêucidas da Síria. Finalmente foi conquistada pelos romanos.

Entre a promessa divina de posse da terra e a realidade histórica havia uma grande diferença. Deus, por acaso, teria mentido a Abraão, Moisés e aos israelitas? Não! Diziam os autores apocalípticos. A promessa de Deus se realizaria no futuro, quando o próprio Deus ou seu Ungido derrotaria seus inimigos e restauraria a realeza de Davi, o esplendor de Jerusalém. Muitos textos proféticos foram escritos no gênero literário apocalíptico. Por exemplo: Dn 7-12; Zc 9,1-11,17; 12,1-14,21.

INTRODUÇÃO AOS LIVROS DOS PROFETAS

II

1

OS PROFETAS ANTERIORES AO EXÍLIO

Contexto histórico

A história do antigo Oriente Próximo, nos séculos VIII a III a.c. foi sempre dominada por uma das grandes potências da época: Egito, Assíria, Babilônia e Pérsia. As pequenas nações ou reinos tais como Judá, Israel, Edom, Moab, Síria e tantos outros sofriam as constantes pressões políticas e econômicas dessas grandes potências. Os pequenos reinos só conseguiam um certo desenvolvimento político, econômico e social quando os grandes reinos enfrentavam problemas internos ou revoltas nos outros limites dos seus reinos.

Foi exatamente o que aconteceu na segunda metade do século VIII a.C. As duas grandes potências da época, Egito e Assíria passavam por sérios problemas. O Egito enfrentava revoltas internas e a Assíria procurava dominar os príncipes da Babilônia que pretendiam o trono.

Livres de pressões exteriores, os reinos de Judá e Israel, gozaram de relativa paz e prosperidade.

O reino de Israel

Com Jeroboão II (783-743), o maior rei da Dinastia de Jeú, Israel viveu um período de prosperidade só comparada aos áureos tempos de Davi e de Salomão.

Livre do domínio egípcio e assírio, Israel teve uma grande expansão política e econômica. Jeroboão II conseguiu conquistar alguns territórios ao Norte e na Transjordânia. A agricultura floresceu, o comércio prosperou, fazendo com que a economia se fortalecesse.

Porém, o desenvolvimento econômico não atingiu toda a população. A riqueza concentrou-se nas mãos de um pequeno grupo que enriqueceu rapidamente, enquanto os mais pobres caíam na miséria. Os que tinham maior acesso ao rei tiraram o maior proveito possível do comércio e receberam muitas terras conquistadas. Já os pequenos agricultores, para competir com os grandes, tiveram que emprestar dinheiro. Não tendo com que pagar os empréstimos, hipotecaram suas terras ou mesmo as perderam. Tornaram-se empregados nas terras que antes possuíam. Nascia em Israel o latifúndio e desaparecia uma sociedade igualitária, regida pela antiga solidariedade tribal.

A arqueologia bíblica confirma os dados da história. Na cidade de Tirça, antiga capital do reino de Israel, foram encontrados bairros ricos ao lado de regiões miseráveis. Nas ruínas da cidade de Samaria foram encontrados objetos de marfim.

A situação começou a mudar em 754 a.C. quando subiu ao trono da Assíria o Rei Teglat-Falasar III (ou Tiglat-Pileser), que decidiu criar um grande império. Com o auxílio de um grande exército, Teglat-Falasar conquistou todos os reinos do Oriente Médio. Assim terminavam os tempos áureos do reino de Israel.

Os trinta anos seguintes à morte de Jeroboão II foram marcados por lutas internas pelo poder. Zacarias, filho de Jeroboão II, foi assassinado por Salum após seis meses de governo. Por sua vez, um mês depois, Salum foi morto por Manaém, que se proclamou rei (743-738) (cf. 2Rs 15,8-16). Teglat-Falasar invadiu Israel e Manaém foi obrigado a pagar um pesado tributo à Assíria (2Rs 15,19-20).

Com a morte de Manaém, subiu ao trono seu filho Faceias (738-737) que, após quase dois anos de reinado, foi assassinado por seu escudeiro chamado Faceia, filho de Romelias (737-732) (2Rs 15,25). Para se libertar do domínio da Assíria, Faceia, de Israel, e Rasin, rei de Damasco, instigados pelo Egito, formaram uma coalizão. Acaz, rei de Judá, não aceitou entrar na coalizão antiassíria. Foi então que Faceia e Rasin invadiram o reino de Judá. Essa guerra recebeu o nome de "Guerra Siroefraimita". Acaz, amedrontado, pediu auxílio à Assíria.

Teglat-Falasar veio em seu socorro; destruiu o reino de Damasco e invadiu o reino de Israel. Essa invasão provocou uma revolta contra Faceia que foi assassinado por Oseias, filho de Ela (2Rs 15,30). Este Oseias não deve ser confundido com o profeta homônimo. Oseias reinou por nove anos (732-723) e foi o último rei do reino de Israel. Ele deixou de pagar o pesado tributo à Assíria e Salmanasar V (727-722), sucessor de Teglat-Falasar, invadiu Israel e sitiou a capital, Samaria. Mas foi seu filho e sucessor, Sargon II (722-705), que destruiu a cidade de Samaria e levou a população para o exílio na Assíria em 722 a.C.

O território do reino de Israel foi povoado por outros povos deslocados de outras regiões do império. Da união desses povos com os remanescentes israelitas nasceram os samaritanos.

Durante este período, entre os áureos anos de Jeroboão II e o exílio, Deus falou aos habitantes do reino de Israel através de dois extraordinários profetas: Amós e Oseias.

O reino de Judá

Assim como Israel, também o reino de Judá prosperou no século VIII a.C. Ozias (ou Azarias) (781-740 a.C.) reinou em Judá, enquanto Jeroboão II reinava em Israel. Ele conseguiu dominar os filisteus e os árabes, fortificou Jerusalém, reformou o exército e melhorou a agricultura (2Cr 26). Por causa da lepra que contraiu, foi auxiliado no governo por seu filho Joatão, como corregente. Foi nos seus últimos anos que Teglat-Falasar III tornou-se rei da Assíria. Com a morte de Ozias, seu filho Joatão, que já governava como corregente, tornou-se rei (740-736 a.C.).

Joatão foi sucedido no trono por seu filho Acaz (736-727 a.C.) que na época tinha apenas 20 anos de idade. Foi durante o reinado de Acaz que aconteceu a chamada "guerra siroefraimita", quando os reinos de Israel, Damasco, Gaza, Tiro e Sidon fizeram uma liga antiassíria e invadiram Judá. Acaz pediu auxílio à Assíria e foi atendido, porém o reino de Judá se tornou vassalo da Assíria, teve que pagar pesados tributos e perdeu parte de seu território para os edomitas.

Acaz morreu no mesmo ano da morte de Teglat-Falasar e, por isso, não houve tentativas de revoltas em Judá. Seu filho Ezequias tornou-se rei (716-697 a.C.), mas era de menoridade. Até sua maioridade, Judá foi governado por um regente desconhecido, provavelmente alguém de linhagem real. Ao assumir o governo do reino, Ezequias iniciou uma grande reforma religiosa eliminando todo o culto pagão, reativando o Templo de Jerusalém, estabelecendo o ofício dos levitas (cf. 2Rs 18,4; 2Cr 29-31).

Empolgado com a repercussão da reforma religiosa, Ezequias começou a sonhar com a reforma política que, logicamente, incluía a independência do domínio assírio. Assim, em 705 a.C. por ocasião da morte de Sargon II, com o apoio do Egito, Ezequias encabeçou uma revolta contra a Assíria. Senaquerib, sucessor de Sargon II, invadiu Judá e conquistou 46 fortalezas e sitiou Jerusalém. Porém, Senaquerib não conseguiu conquistar a cidade, pois teve que retornar para sufocar algumas revoltas na Assíria. Alguns textos bíblicos atribuem a salvação de Jerusalém a uma intervenção divina (2Rs 19,35). Mas Ezequias foi obrigado a pagar um alto tributo à Assíria (2Rs 18,14).

Os profetas Isaías e Miqueias exerceram seu ministério profético nesse período.

Com a morte de Ezequias, seu filho Manassés tornou-se rei com apenas 12 anos de idade (697-642). Ele anulou completamente a reforma religiosa de seu pai construindo novos templos aos ídolos. O Livro dos Reis faz um juízo negativo sobre seu reinado (2Rs 21).

Amon, filho de Manassés, subiu ao trono com 22 anos de idade (642-640 a.C.). Após apenas dois anos de reinado, foi assassinado por seus ministros, com quase toda a sua família. No entanto, Josias, filho de Amon, escapou da chacina de sua família graças à intervenção dos sacerdotes que o ocultaram no Templo. Com o apoio do "povo da terra", isto é, dos camponeses, Josias foi aclamado rei de Judá com oito anos de idade. Não sabemos quem governou o reino durante sua menoridade.

Josias começou a reinar com 18 anos de idade (2Rs 22,1-3). Durante seu reinado, com a morte de Assurbanipal, a Assíria iniciou um período de decadência. Esse fato permitiu a Josias de consolidar seu reino estendendo suas fronteiras para o Norte e anexando parte do antigo reino de Israel. Josias conseguiu uma certa independência política e instaurou uma era de prosperidade. Mas a mudança mais profunda do seu governo aconteceu no campo religioso. Em 622 a.C., Josias iniciou uma grande reforma religiosa. Eliminou todos os altares e templos dedicados aos ídolos construídos por seu pai Amon, restaurou as festas judaicas, especialmente a festa da Páscoa, e reformou o Templo de Jerusalém.

Durante os trabalhos de restauro do Templo, foi encontrado o Livro da Lei do Senhor, que hoje é identificado com o núcleo central do Livro do Deuteronômio (2Rs 23,4-24; 2Cr 34-35). Na sua reforma religiosa Josias foi auxiliado pela profetisa Hulda (Olda) (2Rs 22,14-20) e pelo Profeta Sofonias.

Pelo ano 614 a.C., o cenário do Antigo Médio Oriente começou a mudar. Surgiu uma nova potência, o Império da Babilônia, que logo derrotou a Assíria que havia dominado a região por quase um século.

Os anos áureos do reino de Judá terminaram com a morte de Josias em 609 a.C., na batalha de Megido contra as tropas de Necao II, faraó do Egito (2Rs 23,29ss.). Joacaz, filho de Josias, subiu ao trono em 609 a.C., mas reinou por apenas três meses. Foi deposto por Necao II e levado prisioneiro para o Egito (2Rs 23,31-33). Em seu lugar o faraó nomeou seu irmão Eliacim, mudando seu nome para Joaquim (609-598 a.C.) (2Rs 23,34). Joaquim era vassalo do Egito e foi um rei despótico e incrédulo.

Em 605 a.C., o príncipe herdeiro da Babilônia, Nabucodonosor, derrotou as tropas do Egito. Em 603 a.C. Joaquim foi obrigado a pagar pesados tributos a Nabucodonosor. Entretanto, na primeira oportunidade, ele revoltou-se contra a Babilônia e deixou de pagar os tributos. Em 598 a.C., Nabucodonosor marchou contra Judá. Nesse ínterim Joaquim morreu. Segundo Flávio José (37-100 d.C.), no seu livro *A guerra judaica*, afirma ele que foi assassinado. Seu filho Jeconias (ou Joiaquin) tornou-se rei. Tinha apenas 18 anos de idade.

Nabucodonosor sitiou e tomou Jerusalém. Jeconias (Joiaquin), que reinara por apenas três meses, foi preso e levado para a Babilônia com grande número de nobres, operários especializados, guerreiros, eunucos, no total de dez mil pessoas (2Rs 24,10s.). No lugar de Jeconias (Joiaquin), Nabucodonosor colocou outro filho de Josias chamado Matanias, mas trocou seu nome para Sedecias (2Rs 24,17).

Sedecias reinou entre 598 e 587 a.C. Foi obrigado a jurar obediência ao rei da Babilônia (Ez 17,13-21). Sedecias não foi aceito por muitos em Judá que o consideravam apenas um regente, visto que o rei legítimo, Jeconias (Joiaquin), estava vivo na Babilônia. Os primeiros anos de seu reinado foram calmos. Mas, em 588 a.C., Sedecias se recusou a pagar os tributos à Babilônia. Então, Nabucodonosor declarou guerra contra Judá, e em janeiro de 587 sitiou Jerusalém. A cidade foi tomada no dia 19 de julho de 586.

Sedecias tentou fugir para o Egito por uma brecha na muralha, mas foi capturado. Nabucodonosor mandou matar, na sua frente, todos os seus filhos, furou seus olhos e o deportou para a Babilônia (2Rs 25,7).

Um mês depois as muralhas de Jerusalém foram derrubadas, o Templo e a cidade foram incendiados (2Rs 25,9-10). Os babilônios roubaram todos os tesouros do Templo. E Nabucodonosor levou grande parte da população de Judá para o exílio na Babilônia. Foi o fim do reino de Judá.

O Profeta Jeremias foi a principal voz de Deus nesse período conturbado da história de Judá.

1.1 OS PROFETAS DO SÉCULO VIII a.C.

1. AMÓS

O profeta

Sabemos muito pouco sobre Amós. Apenas, que era originário de Técua, uma pequena cidade situada a dezoito quilômetros a sudoeste de Jerusalém. No passado Técua foi um centro militar (2Cr 11,5). Também é mencionada na história de Absalão, filho de Davi, depois do assassinato de seu irmão Amon (2Sm 14).

Amós se apresenta como pastor (1,1) ou vaqueiro e cultivador de sicô-moros (7,14). É impossível saber se ele era o dono do rebanho que pastoreava ou apenas um empregado. Seu vocabulário deixa perceber que ele era um homem do campo, mas inteligente e profundo conhecedor da situação política, religiosa e social de Israel e dos países vizinhos. Sua linguagem é enérgica e dura.

Não sabemos o ano exato de sua vocação. Embora fosse natural do reino de Judá, Amós exerceu seu ministério no reino de Israel, provavelmente em Betel, onde se encontrava um dos santuários construídos por Jeroboão I, logo após a se-paração dos dois reinos. Foi expulso de Betel pelo Sacerdote Amasias (7,10-13).

O primeiro versículo de seu livro situa seu ministério durante os próspe-ros anos do reinado de Jeroboão II, rei de Israel (783-743 a.C.), e de Ozias, rei de Judá (781-740 a.C.).

Para alguns biblistas o ministério de Amós deve ser situado no ano 760 a.C. O título do livro afirma que Amós profetizou "dois anos antes do terremoto" (1,1). A arqueologia confirmou a existência desse terremoto na Galileia pelos meados do século VIII a.C., provavelmente pelo ano 760 a.C. Esse terremoto deve ter sido tão grande que o Profeta Zacarias, vários séculos depois, faz referência ao fato (cf. Zc 14,5). Outros, tendo em conta alguns dados do livro, preferem o ano 740 a.C. Assim, Am 5,27 supõe a ameaça da Assíria, que se tornou efetiva depois de 743 a.C.; 6,13 faz alusão a uma vitória de Jeroboão II na Transjordânia em 732 a.C.

Sua atividade profética não foi muito longa. Deve ter durado alguns meses. Também não sabemos qual foi o seu fim. É provável que tenha retornado para sua cidade natal e para seu trabalho. Uma lenda judaica afirma que Amós foi morto pelo filho do Sacerdote Amasias.

O Livro

Alguns atribuem o livro ao próprio profeta. Mas a maioria dos autores admite que o livro foi sendo escrito ao longo dos anos que precederam o exílio, durante e após o fato.

A estrutura do livro é facilmente percebida.

- 1,1-2: é o prólogo do livro. São indicados o nome do profeta, a época do seu ministério. O profeta afirma que pregou em Israel "dois anos do terre-moto". Esse terremoto atingiu o Norte de Israel e a região da Samaria, no ano 760 a.C.

- 1,3–2,16: São apresentados oráculos contra sete povos vizinhos de Israel: Damasco, Gaza, Tiro, Edom, Amon, Moab e Judá. De cada uma dessas nações é denunciado um crime, sempre uma injustiça social. Israel é a oitava nação e Amós denuncia sete crimes contra a justiça.

- 3–6: Com palavras fortes, Amós convoca as nações vizinhas para ver a podridão que se esconde atrás dos belos palácios da cidade de Samaria, capital do reino de Israel. O profeta denuncia a injustiça e o culto exterior, desvinculado da vida. São esses pecados que levarão o país à ruína total.

- 7–9: esses capítulos apresentam cinco visões do profeta sobre o fim de Israel: uma invasão de gafanhotos, uma grande seca que provoca incêndios, um muro torto prestes a ruir, um cesto de figos maduros, quase podres, o Dia do Senhor que será um dia de dor e de luto, e a ruína do templo.

O livro termina com um oráculo de salvação (9,11-15) que anuncia a reconstrução de Israel.

Mensagem

Amós é o profeta da denúncia, da injustiça social. Os anos de Jeroboão II foram anos de prosperidade, mas também de grande injustiça social. Surgiram em Israel os latifúndios e a riqueza se concentrou nas mãos de poucos, aqueles que tinham fácil acesso ao rei.

Amós apresenta uma visão negativa de Israel: o país é como um muro torto que pode ruir a qualquer momento (7,7-9), ou como um cesto de figos quase podres (8,1-2). Para o profeta, o grave problema é a exploração dos pobres. A justiça é corrupta, pois os juízes se deixam comprar por qualquer bagatela (por um par de sandálias) (2,6-7); os comerciantes exploram os pobres com balanças falsificadas e mercadorias estragadas (8,4-8); os palácios da cidade de Samaria estão repletos de roubos e violências (3,9), de extorsões (2,8; 5,11), de luxo adquirido com a exploração dos pobres (3,15; 6,4-6).

Os poderosos, isto é, os ricos "engolem o pobre e fazem perecer os humildes da terra" (8,4-6), "mudam o direito em veneno" (5,7; 6,12). Apesar da conduta corrupta e injusta, eles oferecem sacrifícios a Deus, pagam o dízimo e celebram as grandes festas. Acreditam que isso é suficiente para agradar a Deus.

Porém, diz o profeta, Deus prefere a prática do direito e da justiça aos sacrifícios (5,21-24). Essa situação conduzirá o país à ruína (9,1s.). De fato, isso aconteceu quarenta anos após a denúncia de Amós. Sargon II, rei da Assíria, destruiu o reino de Israel e levou sua população para o exílio.

Mas Amós não anunciou apenas castigos como consequência da injustiça generalizada. Ele também apresentou um caminho de salvação: a busca de Deus. "Procurai-me e vivereis" (5,4). No entanto, Deus não deve ser procurado nos santuários, mas na prática da justiça social (5,14-15).

2. OSEIAS

Época

Baseado nos dados contidos no título do livro (1,1), Oseias exerceu seu ministério profético no período que vai de Jeroboão II, rei de Israel (783-743 a.C.), até os tempos de Ezequías, rei de Judá (716-687 a.C.). Todavia, da análise de suas profecias, não parece que ele tenha vivido até a época de Ezequías. Pode ser que ele não viu a tomada da cidade de Samaria por Sargon II em 721/722. Mas deve ter vivido nos anos que antecederam essa tragédia.

Oseias deve ter exercido seu ministério entre os anos 750 a 724 a.C. É provável que tenha morrido em 724. Portanto, sua atividade deve ser colocada entre o ministério de Amós e de Isaías que profetizou no arco de tempo entre Acaz (736-716 a.C.) e Ezequías (716-687 a.C.), ambos reis de Judá.

Sem dúvidas, Oseias conheceu os últimos anos de prosperidade do reinado de Jeroboão II e os anos dramáticos que seguiram sua morte, com conspirações e golpes de Estado internamente, e com a ameaça sempre mais forte da Assíria.

O profeta

Oseias significa "Deus ajuda/socorre".

Seu livro apresenta alguns poucos dados sobre sua pessoa. Era filho de um certo "Beeri", e casado com uma mulher chamada "Gomer" com quem teve três filhos que receberam nomes simbólicos: Jesreel (= Deus semeia), Lo-Ruhamah (= não amada) e Lo-Ami (= não meu povo).

Os capítulos 1 e 3 de seu livro narram sua tumultuada vida matrimonial. Cumprindo ordem divina, Oseias desposou Gomer, uma prostituta. Alguns autores pensam que Gomer fosse uma das muitas prostitutas sagradas que exerciam um papel importante nos templos dedicados a Baal e Astarte.

Ela lhe deu três filhos, cujos nomes simbólicos indicam a relação entre Javé e seu povo, Israel. Gomer nem sempre foi fiel a Oseias, e voltou para a prostituição sagrada. Porém, Deus lhe pediu para buscar novamente sua esposa, purificá-la e amá-la ternamente.

Alguns biblistas opinam que esses dois capítulos não são históricos, mas, sim, ficção. São parábolas para descrever a fidelidade de Deus e a infidelidade de Israel. Outros, ao contrário, consideram os capítulos históricos. O profeta se serviu de sua amarga experiência matrimonial para descrever a infidelidade de Israel em relação a seu Deus, Javé.

De fato, seria estranho que o profeta descrevesse sua esposa como uma prostituta, enquanto vivia harmoniosamente uma vida familiar.

Também não é simples dizer a que classe social pertencia o profeta. Baseados no ideal do deserto professado por Oseias, alguns afirmam que ele era um beduíno, um pastor, como Amós. Mas, o ideal do tempo vivido por Israel no deserto é apenas alegórico indicando o tempo em que Israel era fiel a Javé. Para outros, Oseias seria da classe sacerdotal por causa de seu conhecimento do ambiente sacerdotal e por sua ligação com a Tradição Deuteronomista. Oseias pertenceria aos círculos levíticos excluídos do serviço sacerdotal nos templos construídos por Jeroboão II.

Para outros, ainda, o profeta pertence a um grupo de profetas extáticos. No entanto, parece mais sensato pensar que Oseias era um pacato cidadão de Israel, talvez da baixa burguesia rural que por ordem divina profetizou denunciando, sobretudo, a idolatria de seu povo.

O livro

Os catorze capítulos do livro podem ser divididos em duas partes:

- Os 1–3: a vida conjugal do profeta e seu simbolismo.

  Os 1: narra o relacionamento de Oseias com Gomer, na terceira pessoa.

  Os 2: é um discurso de Javé.

  Os 3: nova narração de sua vida conjugal, na primeira pessoa.

- Os 4–14: a pregação do profeta.

Os 4,1–9,9: profecias referentes ao culto e à política.

Os 9,10–14,9: poemas, meditações sobre a história de Israel.

Uma leitura atenta ajuda a descobrir acréscimos posteriores no livro. Esses foram feitos no reino de Judá, para onde o texto do profeta foi levado por ocasião da queda e destruição do reino de Israel. Os acréscimos sempre mencionam Judá e estão em: 1,7; 4,15; 5,5; 5,8; 6,6. E no último versículo encontramos um acréscimo sapiencial: 14,10.

Mensagem

Como Amós, também Oseias denunciou as injustiças, a corrupção e o culto formalista em Israel (cf. 5,6; 6,6; 8,11.13). Porém, a denúncia da idolatria é o tema predominante em seus oráculos.

Oseias releu a história de Israel tendo como chave de leitura o imenso amor de Deus por seu povo. Através de sua experiência conjugal, ele mostrou que Deus amou seu povo por primeiro, quando esse não merecia ser amado. Israel não correspondeu a esse amor e buscou outros deuses, sobretudo os deuses dos cananeus. Essa atitude idolátrica do povo é comparada pelo profeta a um adultério.

O profeta representa Deus e Gomer; sua esposa infiel, representa o povo de Israel.

A história mostra que Israel sempre foi um povo infiel, procurando outros cultos, em especial o culto a Baal e Astarte, deuses cananeus da fertilidade. Olhando da parte de Israel, a história não é de salvação, mas de rebeldia e infidelidade, de adultério religioso.

Convém recordar que os israelitas deixaram o Egito sob a liderança de Moisés e, por quarenta anos, habitaram no deserto. No Monte Sinai fizeram uma Aliança com Javé, o Deus Libertador. Essa Aliança é comparada, por Oseias, a um matrimônio.

Ao entrar na Terra Prometida foram obrigados a conviver com outros povos, especialmente os cananeus, que ocupavam parte do país. Esses eram agricultores ao passo que os israelitas eram pastores. A sedentarização fez com que os israelitas deixassem de ser pastores e se tornassem agricultores.

Com uma concepção imperfeita de Deus, pensavam que Javé, o Deus da Aliança do Sinai, era um Deus de pastores, e que Baal fosse um deus de agricultores. Baal era o deus da fertilidade dos homens, dos animais e da terra. Era ele quem enviava a chuva para fecundar a terra árida. Portanto, não podiam compreender como um Deus de pastores pudesse ajudá-los a cultivar a terra enviando as chuvas necessárias.

Por isso, passaram a cultuar Baal, sem abandonar Javé. Este continuava a ser o Deus dos Patriarcas que os libertara do Egito. Mas recorriam a Baal para conseguir a fertilidade da terra. Para Oseias, essa atitude de cultuar Baal era um adultério sagrado, pois Javé era o único Deus de Israel. A Aliança do Sinai exigia fidelidade da parte do povo.

O adultério era punido com a morte por apedrejamento. Mas Javé iria castigar seu povo com misericórdia. O castigo será o exílio e é consequência do amor desiludido de Javé. Não é uma cólera irracional. Apesar de seu pecado, a idolatria e a injustiça social, Deus continuava amando seu povo. Deus é um Pai que castiga para educar, é um marido traído que perdoa a traição por amor. O amor de Deus por Israel é maior do que seu pecado.

Oseias ensina que o amor de Deus precede qualquer iniciativa humana. A conversão não é um requisito para ser amado por Deus, mas deve ser a resposta a seu amor infinito.

3. ISAÍAS

Problemas do Livro de Isaías

Com seus 66 capítulos o Livro do Profeta Isaías é o mais longo dos livros proféticos. Uma leitura atenta ajuda a perceber que existem grandes diferenças no livro.

Um estudo atento do livro no final do século XVIII mostrou que existe uma grande diferença entre os capítulos 1 a 39 e os demais, a partir do capítulo 40. Os primeiros 39 capítulos refletem o período do século VIII a.C., enquanto os capítulos seguintes refletem o período do exílio no século VI a.C.

Porém, mesmo entre os capítulos 1 a 39, os capítulos 24–27 e 34–35 formam um bloco à parte com caráter apocalíptico. Por isso receberam o título de "Grande Apocalipse de Isaías" (24–27) e "Pequena Apocalipse de Isaías" (34–5).

Um século mais tarde alguns biblistas mostraram que os capítulos 40 a 66 pertencem a dois autores diferentes. Enquanto Is. 40–55 reflete o período do retorno do exílio, os capítulos 56–66 são do período posterior, da chamada época persa. Assim, hoje se admite três partes no Livro de Isaías:

Is 1–39: são os oráculos do Profeta Isaías que viveu no século VIII a.C.

Is 40–55: são os oráculos de um profeta anônimo, chamado de Segundo Isaías ou Dêutero-Isaías, que viveu durante o exílio na Babilônia.

Is 55–66: pertencem a um terceiro profeta, cujo nome desconhecemos, e que é conhecido como Terceiro Isaías ou Trito-Isaías, que pregou no período posterior ao exílio.

> *Quais foram os critérios utilizados para separar os capítulos e atribuí-los a profetas diferentes?*

Em primeiro lugar o vocabulário, o estilo e, sobretudo, as referências históricas.

Enquanto os primeiros capítulos (1–39) apresentam a ameaça do exílio, a segunda parte (40–55) anuncia o retorno do exílio. A última parte (56–66) já supõe o retorno dos exilados para Judá. Porém, apesar dessas diferenças, o livro apresenta uma certa unidade na teologia (a escolha de Sião por Deus, a teologia do Resto de Israel). Essa unidade pode ser obra do redator final que uniu os três profetas em um único livro. Para alguns o fio condutor da unidade se encontra em Is 43,18-19:

> *"Não recordeis os acontecimentos de outrora nem presteis atenção aos eventos do passado. Eis que faço uma coisa nova! Ela já vem despontando, não o percebeis?"*

As "coisas passadas" são os oráculos que anunciavam o duro juízo divino sobre Jerusalém, sua destruição e exílio. As "coisas novas" são a restauração do povo e o esplendor da nova Jerusalém. As "coisas passadas" estão, sobretudo, nos capítulos 1 a 39; e as "coisas novas", nos capítulos 40 a 66.

> *Como explicar a união dos oráculos de três profetas diferentes em um único livro?*

Alguns afirmam que essa união foi acidental. O Livro de Isaías seria uma verdadeira "biblioteca" ou uma antologia de escritos proféticos reunidos em um único livro. Talvez o profeta que viveu durante o exílio também se chamasse Isaías. É comum falar em "escola isaiana" ou em discípulos de Isaías.

Outros levantam a hipótese de que ao copiar os oráculos de Isaías sobre um rolo de pergaminho, sobrou bastante espaço. E como o pergaminho era um material muito caro, o escriba, para ocupar o espaço vago, teria acrescentado os oráculos de outros profetas. Os copistas posteriores continuaram a copiar os oráculos como se todos pertencessem ao verdadeiro Profeta Isaías.

Essa união dos textos de profetas diferentes em um único livro é anterior ao século II a.C., pois o texto da Bíblia Grega, a Setenta, contém os 66 capítulos na mesma ordem e atribui todos ao Profeta Isaías, filho de Amós.

O Profeta Isaías

Isaías nasceu em Jerusalém durante o reinado de Ozias (Azarias) (781-740 a.C.). Provavelmente por volta do ano 760 a.C. Era filho de um certo Amós, que não deve ser confundido com o profeta do mesmo nome. Segundo uma lenda judaica, Isaías era sobrinho do Rei Amasias (2Rs 14,1-22). Logo, ele pertencia à casa real de Judá. Sua vocação aconteceu no ano da morte do Rei Ozias, portanto, no ano 740 a.C. Ele tinha apenas 20 anos quando foi chamado ao ministério profético.

Era casado e tinha dois filhos. Sua esposa, cujo nome desconhecemos, é chamada "profetisa" provavelmente por ser a esposa do profeta (8,3). Seus filhos receberam nomes simbólicos como os filhos do Profeta Oseias. Um de seus filhos se chamava "Searyashub" (= um resto voltará), que indica o grupo de judeus que permaneceu fiel e que seria a semente de um novo povo (7,3). O outro recebeu o nome de "Maher Shalal Haz Baz (= pronto ao saque, rápido nos despojos), simbolizando a queda de Jerusalém (8,3).

Isaías era um homem culto, decidido, enérgico e firme. No momento da sua vocação, se apresenta a Deus com disponibilidade.

Como Elias e Eliseu, interferiu várias vezes na política de seu tempo. Embora pertencesse a aristocracia, não teve receio de criticar com rigor as classes dominantes de Judá: reis, juízes, sacerdotes, latifundiários. Foi irônico com as mulheres da classe alta de Jerusalém.

Isaías desempenhou sua missão durante um dos períodos trágicos de Judá: os reinados de Joatão (750-735 a.C.), Acaz (735-715 a.C.) e Ezequias (715-687 a.C.) (1,1). Nesse período o profeta viu a conquista da região pelos reis da Assíria Teglat-Falasar III (745-727 a.C.), Salmanassar V (726-722 a.C.), Sargon II (721-705 a.C.) e Senaquerib (705-681 a.C.).

O profeta foi testemunha da queda do reino de Damasco (732 a.C.) e do reino de Israel (721 a.C.). Interveio juntos aos reis de Judá: procurou sustentar Acaz durante a guerra siro-efraimita; anunciou a cura do Rei Ezequias gravemente doente; criticou a visita de Merodach-Baladam a Jerusalém e assistiu Ezequias durante a invasão de Senaquerib, rei da Assíria.

A atividade de Isaías pode ser dividida em quatro períodos principais:

- De 740 a 736 a.C.: o profeta denunciou as injustiças sociais cometidas pelas classes dirigentes de Judá. Denunciou o formalismo religioso e a anarquia no país e anunciou a ameaça do poderio da Assíria. Seus oráculos continuam as denúncias de Amós e Oseias.

- De 735 a 733 a.C.: durante a guerra siro-efraimita, o profeta procurou dissuadir o Rei Acaz de pedir auxílio militar à Assíria. Diante da renúncia de Acaz, Isaías anunciou a ruína de Judá. Então o profeta ficou em silêncio durante quinze anos esperando a realização de suas profecias.

- De 716 a 711 a.C.: Isaías denunciou a cega política independentista de Ezequias e sua aliança com o Egito. Essa política errada teve como consequência a invasão de Judá por Sargon II em 711 a.C. Ezequias evitou o pior pagando pesados tributos para a Assíria.

- De 705 a 701 a.C.: o Rei Ezequias fez nova tentativa de independência do domínio da Assíria. Disso resultou a invasão de Judá pelo exército assírio que sitiou Jerusalém. A cidade foi salva milagrosamente (2Rs 19,35s.; Is 36-37).

Depois da libertação de Jerusalém do cerco de Senaquerib em 701 a.C, não se faz mais menção do profeta. Segundo o livro apócrifo: "O martírio de Isaías", o profeta morreu martirizado no Templo do Rei Manassés que teria ordenado que ele fosse serrado ao meio ainda vivo.

Pela nobreza de sua pessoa, beleza do estilo e pela mensagem elevada, Isaías é considerado um dos grandes profetas e poetas do Antigo Testamento.

O livro

Atemo-nos agora apenas à primeira parte do Livro de Isaías, ou seja, aos capítulos 1 a 39. Deixamos as outras duas partes, Is 40–55 e 56–66 para quando estudarmos o Segundo e o Terceiro Isaías, considerados os autores desses capítulos.

Encontramos no livro vários blocos bem distintos:

- 1–12: Livro do Emanuel – Os oráculos desta sessão, em grande parte autênticos, pertencem ao primeiro período da vida de Isaías. São oráculos de ameaças, mas também de salvação messiânica.

  Podemos dividir esses capítulos em duas coleções menores: 1 a 5 com oráculos de denúncia dos pecados de Jerusalém, mas também de salvação; 6–12 contêm a narração da vocação do profeta e os oráculos sobre o Emanuel.

- 13–23: são palavras contra as nações estrangeiras com as quais Judá se relacionou durante muito tempo.

- 24–27: esses capítulos são conhecidos como "Grande apocalipse de Isaías" – são oráculos que descrevem, no gênero literário apocalíptico, a destruição de uma cidade anônima.

- 28–33: são oráculos pronunciados durante o reino de Ezequias.

- 34–35: "Pequeno apocalipse de Isaías" – oráculos de estilo apocalíptico contra as nações vizinhas de Israel.

- 36–39: apêndice histórico que narra a atividade do profeta no período de Ezequias. Provavelmente foram acrescentados para mostrar a eficácia das palavras do profeta. Os conteúdos destes capítulos são confirmados por documentos assírios.

Mensagem

É difícil resumir a mensagem de Isaías. Toda a sua pregação foi influenciada pela experiência de Deus ocorrida no momento de sua vocação (Is 6). Deus é o três vezes Santo, isto é, o Santíssimo, mas ao mesmo tempo é o Deus de seu povo, Israel. Deus é, ao mesmo tempo, o Todo Poderoso e próximo dos homens.

Como Amós e Oseias, Isaías iniciou seu ministério profético denunciando os pecados de Judá: as injustiças sociais, sobretudo, a opressão dos pobres pela classe dominante de Jerusalém; denunciou também o culto exterior, formalista, desvinculado da vida (Is 1,16-17; 3,16-24; 5,1-24; 10,1-4).

No campo político o profeta propôs uma "política da fé ou da santidade". Relembra que Deus escolheu Jerusalém como sua cidade; também escolheu Davi como seu rei eleito e se comprometeu com ele na perpetuação de sua dinastia no trono de Judá. Esses fatos trazem segurança a Judá. Os governantes de Judá deveriam ter fé em Deus que cumpre suas promessas.

Porém, a escolha de Jerusalém e da dinastia de Davi não é incondicional. Ela exige uma resposta de fé que se manifesta na confiança inabalável em Deus e na serenidade nos momentos de perigo. O profeta critica a confiança colocada, exclusivamente, em meios e recursos humanos para assegurar a independência nacional. Por isso, Isaías criticou o Rei Acaz que confiava mais no auxílio militar da Assíria do que nas palavras de seu Deus. No mesmo sentido o profeta se opôs à política de independência da Assíria baseada no apoio militar do Egito proposta pelo Rei Ezequias.

Para Isaías, em política "crer" significava interromper a apressada fortificação de Jerusalém (7,3-4), renunciar às alianças militares com nações mais poderosas.

Is 19–31 refletem a crítica à diplomacia de Judá. Para o profeta as alianças político-militares com outras nações são uma forma de idolatria. A fé exclui qualquer outro tipo de confiança que não seja em Deus. Portanto, Isaías propunha uma confiança inabalável em Deus.

Infelizmente, primeiro o Rei Acaz e depois seu filho, o Rei Ezequias, não deram ouvidos ao profeta. A pregação de Isaías se concretizou quando Senaquerib, rei da Assíria, em 701 a.C., sitiou Jerusalém. Não sabemos ao certo o que levou o exército assírio a suspender o cerco e retornar para seu país. Os historiadores falam em uma praga que atingiu o exército assírio. Outros falam de problemas políticos surgidos em Nínive, capital da Assíria. O profeta atribuiu o fato a uma intervenção divina:

> "O anjo do Senhor saiu e feriu no acampamento da Assíria cento e oitenta e cinco mil homens; pela manhã, ao despertar, eis que todos eram cadáveres. Senaquerib, rei da Assíria, levantou acampamento, retornou a Nínive e ali ficou" (Is 37,36-38).

Assim, o profeta mostrou que Deus se mantinha fiel às suas promessas e salvou seu povo.

O grave pecado de Judá consistia em não aceitar a soberania de Deus, não confiar em sua proteção. A idolatria, nas suas variadas formas, a corrupção, a desonestidade, a injustiça são manifestações da rejeição de Deus.

Sem dúvidas, Isaías tentou converter seu povo. Diante da recusa o profeta anunciou o castigo divino, a destruição de Jerusalém e o exílio. Mas ao mesmo tempo falou de um "resto do povo eleito", aqueles que mantiveram sua confiança em Deus e que por isso retornariam do exílio e seriam a semente de um novo povo de Deus.

4. MIQUEIAS

Época

"Palavra do Senhor dirigida a Miqueias de Morasti, nos dias de Joatão, Acaz e Ezequias, o que ele viu a respeito de Samaria e de Jerusalém" (Mq 1,1).

Conforme esta introdução, Miqueias exerceu seu ministério profético em Judá, entre os anos de 725 a 680 a.c. É difícil ser mais preciso porque seus oráculos não são datados. Mas, o profeta conheceu a guerra, sobretudo a queda da Samaria em 722/721 a.c. e o cerco de Jerusalém em 701 a.c. Portanto, Miqueias foi contemporâneo de Isaías.

O profeta

Miqueias era natural de Moreshet-Gat (Morasti), uma aldeia situada a 33km de Jerusalém, perto da cidade filisteia de Gat.

O profeta não deve ser confundido com seu homônimo Miqueias ben Jemla que viveu nos tempos do Rei Acab, no século IX a.C. (cf. 1Rs 22; 2Cr 18).

Miqueias nunca fez nenhuma menção sobre sua própria vida. Seu nome Miqueias, como Miguel ou Michel, significa "Quem é como Deus?" Era um nome muito frequente na época.

Como Amós, também Miqueias parece ter sido um camponês. Talvez fosse um pequeno agricultor que perdeu suas terras devido à exploração agrária da classe dominante de Jerusalém. Por isso denunciou a injustiça social cometida pelos latifundiários, juízes e sacerdotes.

O Livro

O texto de Miqueias é muito complexo. As dificuldades textuais são numerosas. Por isso não existe consenso entre os biblistas sobre a estrutura do livro e nem sobre a autenticidade de alguns oráculos. Alguns acham que somente os três primeiros capítulos e a perícope de 5,9-14 seriam do profeta, mas sem o texto de 2,12-13. O restante do livro seria acréscimos posteriores que não pertencem ao profeta do século VIII a.C. Outros acham que o livro todo pertence ao profeta, com exceção de pequenos acréscimos do redator final.

| 46 |

A alternância entre oráculos de julgamento e de salvação permite dividir o livro em duas partes, cada uma com profecias de condenação e de salvação.

Parte I

1. Processo contra Israel: 1,2–3,12.
2. Promessas a Jerusalém: 4,1–5,14.

Parte II

1. Processo contra Israel: 6,1–7,6.
2. Promessas de esperança: 7,7–20.

Mensagem

Como os profetas anteriores também Miqueias anunciou a destruição dos reinos de Israel e de Judá. Porém, segundo o profeta, as causas são diferentes. A grande culpa de Israel é a idolatria. Já para o reino de Judá o grande pecado é a injustiça cometida contra os pobres. Por isso o profeta se volta contra os ricos em geral. Aqueles que sempre estão ávidos de riquezas. São eles que

> *"devoram a carne do povo, arrancam-lhes a pele, quebram seus ossos, cortam-nos como pedaços na panela e como carne no caldeirão" (3,3); "que cobiçam campos e os roubam, cobiçam as casas e as tomam; oprimem o homem e sua casa, o dono e sua herança"* (2,2).

Miqueias se volta também contra os falsos profetas que são cegos às injustiças, que não denunciam a opressão dos pobres e só anunciam o bem-estar (3,5-7). Mas o profeta anuncia também tempos de felicidades, quando o povo voltar ao seu Senhor (4 e 5). Então o Senhor será novamente o chefe se Israel e seu reino será de paz.

O Livro de Miqueias se fecha com uma bela oração (7,14-20).

1.2 OS PROFETAS DO SÉCULO VII a.C.

O final do século VII e início do século VI a.C. foi o período mais dramático na história do reino de Judá. Em 587, Jerusalém foi destruída por Nabucodonosor, rei da Babilônia. O Templo foi incendiado e grande parte da população foi levada para o exílio na Babilônia.

Nesse tempo viveram os profetas Naum, Sofonias, Habacuc e Jeremias.

1. NAUM

Época

É relativamente fácil determinar a época em que Naum profetizou. O acontecimento mais antigo mencionado no seu livro é a queda de Tebas, no Egito, destruída pelo exército assírio de Assurbanipal em 663 a.C. (3,8-10). De outro lado a cidade de Nínive, capital da Assíria, está sitiada, mas ainda não fora conquistada. Ora Nínive foi sitiada pelos medos em 625 a.C. e depois por uma coalizão de medos e babilônios em 612 a.C. quando foi destruída.

Por conseguinte, as datas-limite para situar o profeta são 663 e 612 a.C. Alguns estudiosos dos profetas preferem situá-lo pelo ano 650 a.C., durante o reinado de Manassés (687-642 a.C.), o rei mais ímpio de Judá (cf. 2Rs 21,1-18).

O profeta

O nome do profeta significa "Deus consola". Não conhecemos nada sobre ele, a não ser seu nome e o nome de sua cidade, Elcos (1,1). Mas também a cidade de Elcos é desconhecida.

Naum é um profeta nacionalista e, portanto, otimista. Ele anuncia o castigo divino sobre Nínive, capital da Assíria. A destruição da cidade é, para o profeta, obra de Deus.

O livro

- 1,2-8: é um poema acróstico até a letra "kaph" do alfabeto hebraico, que apresenta Deus como o juiz soberano de todo o mundo.

- 1,9–2,3: são textos que misturam oráculos de salvação para Judá e de juízo para a Assíria.

- 2,4–3,19: descrição antecipada da queda de Nínive, capital da Assíria.

Mensagem

Os oráculos de Naum estão centrados na destruição da cidade de Nínive, também chamada de Assur. A cidade representa todo o reino da Assíria do qual é a capital.

A Assíria será punida pelo mal que fez ao povo de Deus (destruição do reino de Israel, invasão e domínio sobre Judá). Nínive se tornou um símbolo de todos os poderes despóticos, de todos os males, de todos os inimigos de Deus.

Assim, os textos do profeta foram lidos em perspectiva escatológica. Todos os inimigos de Deus serão destruídos, não importa onde e quando.

A destruição da capital e, consequentemente, de todo o país é celebrada como a vitória de Deus.

O que sobressai em Naum é a paixão que o anima, o ardor de sua fé que não teme em anunciar, apesar de todas as aparências, a vitória de Deus.

2. SOFONIAS

Época

Sofonias exerceu seu ministério no início do reinado de Josias (640-609 a.C.), pelos anos 640-630, antes que a reforma religiosa baseada no Livro do Deuteronômio, encontrado no Templo, tivesse seu início.

Como o profeta não cita o nome do rei nem sua grande reforma religiosa, podemos pensar que tenha profetizado durante a menoridade de Josias, que se tornou rei com apenas oito anos.

Judá ainda se encontrava sob a influência política e religiosa da Assíria: em Jerusalém ainda se cultuavam os deuses e deusas dos assírios.

Assim, Sofonias teria exercido seu ministério alguns anos antes de Jeremias, e quase ao mesmo tempo que Naum.

O profeta

Seu livro começa apresentando a sua genealogia. Através de quatro gerações o profeta é unido a um certo Ezequias: *"Palavra do Senhor, que foi dirigida a Sofonias, filho de Cusi, filho de Godolias, filho de Amarias, filho de Ezequias, nos dias de Josias, filho de Amon, rei de Judá"* (1,1).

Esse Ezequias foi identificado com o rei do mesmo nome, o que levou alguns autores a sugerir que Sofonias pertencesse à casa real de Judá. Porém, é impossível confirmar essa afirmação. Provavelmente se trata de outra pessoa com o mesmo nome.

O livro

O esquema do Livro de Sofonias é o mesmo que encontramos em outros livros proféticos: juízo contra Judá, oráculo contra as nações estrangeiras e anúncio da salvação.

- 1,2–2,3: oráculos de juízo contra Judá.

- 2,4–3,8: oráculos contra as nações.
- 3,9-20: promessas de salvação.

Esse esquema é, provavelmente, obra do redator final do livro.

Mensagem

Como alguns profetas anteriores, Sofonias denuncia os pecados de Judá: a idolatria e a injustiça social. O próprio rei apoiava a idolatria e a imoralidade. Judá adotava os ídolos para agradar seus conquistadores.

O profeta também denuncia os abusos na administração da justiça, a violência das classes dirigentes contra os pobres.

Para Sofonias, esses pecados são atos de revolta contra Deus, profanam todo o país e provocam o castigo divino. Por isso, no "Dia de Javé", o Senhor intervirá na história de seu povo para fazer justiça e punir os culpados.

Como Isaías, também Sofonias fala de um "Resto", um pequeno grupo de pessoas fiéis, que será a semente de um novo povo.

3. HABACUC

Época

É muito difícil determinar a época em que Habacuc exerceu seu ministério.

A menção dos caldeus, isto é, dos babilônios, poderia ser um pequeno indício para datar o profeta depois da queda da Assíria e a ascensão da Babilônia, isto é, depois de 626 a.C. De outro lado, o profeta não faz nenhuma referência à queda de Jerusalém em 597 a.C. Também é difícil a identificação dos "ímpios" que o profeta menciona. Podem ser os próprios judeus, então o profeta denunciaria a corrupção do país; ou os assírios. É certo que uma interpretação não exclui a outra. Normalmente o profeta é situado pelo ano 605 a.C.

O profeta

Não sabemos absolutamente nada sobre esse profeta. Mesmo o seu nome é escrito de modos diferentes: Habacuc, no texto hebraico, e Ambacuc, no texto grego da Setenta.

Em Dn 14,33-39, fala-se de um certo Habacuc que foi transportado por um anjo até a Babilônia para levar comida a Daniel que tinha sido jogado na cova dos leões. Porém, o texto parece ser mais lendário do que histórico.

O livro

Os três capítulos de Habacuc são divididos em duas partes:

- **Parte I:** Hab 1–2: Lamentações do profeta sobre a sorte e a ação dos ímpios e a resposta de Deus. O capítulo 2 apresenta cinco maldições, todas começadas pela expressão: "Ai daquele..." (2,6b.9.12.15.19).

- **Parte II:** Hab 3: É um hino, ou um salmo sobre a manifestação divina. Javé é aclamado porque vem em auxílio de seu povo e castiga os ímpios.

A frase de Habacuc "o justo viverá pela fé" (2,4) foi citada por São Paulo em Rm 1,17 e Gl 3,11.

Mensagem

A teologia de Habacuc se assemelha à de Naum: a justiça divina move a história. Deus derrotará o ímpio. Os justos, aqueles que se mantêm fiéis, são o verdadeiro povo de Deus e serão salvos.

---

4. JEREMIAS

É o único profeta do qual possuímos uma certa quantidade de textos biográficos e mesmo autobiográficos, sobretudo a respeito dos conflitos interiores que o ministério profético provocou no profeta. Esses textos ficaram conhecidos como "As confissões de Jeremias". Grande parte dessas anotações, sem dúvidas, são de seu discípulo e secretário, Baruc.

O profeta

Jeremias, como todos os nomes hebraicos, é um nome teofórico. Provém da raíz verbal "RAMAH" que significa exaltar. Portanto, Jeremias significa "aquele que Javé exalta" ou "aquele que exalta Javé".

Ele nasceu na cidade de Anatot, distante aproximadamente 7km a Nordeste de Jerusalém, pelo ano 650 a.C. Era filho de um certo Helcias que pertencia à classe sacerdotal. Logo, Jeremias era um sacerdote. Provavelmente sua família descendia de algum sacerdote que junto com o sumo sacerdote Abiatar fora exilado por Salomão em Anatot por terem apoiado seu irmão Adonias no momento da sucessão do Rei Davi (cf. 1Rs 2,26). Isso explica a facilidade e liberdade de Jeremias em pregar no Templo.

Sua vocação ocorreu no décimo terceiro ano do Rei Josias, isto é, em 627/626 a.C. (1,2). Jeremias teria então, aproximadamente, 23 ou 24 anos.

Desde o primeiro momento, ele teve a ideia clara do significado de sua vocação, pois tentou opor-se (1,6). A responsabilidade de sua missão foi sentida, sobretudo, nos momentos de adversidade, pois se declara "seduzido por Deus" e se lamenta de ter "se deixado seduzir" (20,7).

Como profeta teve que enfrentar seu próprio temperamento e opor-se contra as classes dirigentes de Judá (reis, sacerdotes, profetas). Sua missão é descrita com palavras fortes: "arrancar e destruir, exterminar e demolir, construir e plantar" (1,10).

Atividade profética

Toda a sua atividade profética pode ser dividida em três períodos:

1º No tempo do Rei Josias (640-609 a.C.)

Sua vocação aconteceu no décimo terceiro ano do reinado de Josias (1,2). Nesse primeiro período, Jeremias anunciou o juízo divino por causa dos pecados de Judá: decadência moral e religiosa, sincretismo religioso. Sua pregação suscitou-lhe muitos inimigos que procuraram calar sua voz (11,18s.; 18,19s.; 26,8).

Jeremias anunciou, nessa época, o juízo divino por meio de um povo que ele não soube especificar, mas que viria do Norte (4,5-31; 5,15-18; 6,1-8.22-26; 8,14-17; 10,18-22).

Sua pregação coincidiu com o início da reforma religiosa e, posteriormente, também política de Josias. Não sabemos quais foram as relações do profeta com essa importante reforma religiosa. Parece que Jeremias tenha interrompido sua pregação durante a reforma de Josias. Ao menos não possuímos nenhum texto que possa ser datado dessa época. Ele retomou sua pregação após a morte do Rei Josias, em 609 a.C.

Desconhecemos as razões do seu silêncio, mas sem dúvidas ele aprovou a ação do rei. Para alguns autores, o capítulo 31 seria um manifesto de apoio à política de reconquista dos territórios do antigo reino de Davi. Porém, trata-se de uma suposição.

2º Durante o reinado de Joaquim (609-598 a.C.)

Joaquim tornou-se rei graças à intervenção do faraó do Egito, Necao II, que depôs o Rei Joacaz, filho de Josias, e o levou como refém para o Egito. No lugar de Joacaz, Necao II nomeou outro filho de Josias, Eliaquim, e mudou seu nome para Joaquim, como demonstração de seu poder. Joaquim era vassalo do Egito.

Joaquim reinou sem escrúpulos e anulou os efeitos da reforma de Josias, seu pai, sobretudo no campo religioso. Seguiu uma política nacionalista, mas ao mesmo tempo sincretista. As antigas promessas divinas contidas no Livro da Lei (Deuteronômio), encontrado no Templo durante a sua restauração realizada por Josias, tornaram-se um elemento para a pregação de uma fé fácil e inconsciente, sem nenhum empenho prático.

Jeremias se opôs a essa política do rei e pregou a destruição do Templo (7 e 26). Somente a pregação análoga de Miqueias (3,12), um século antes, salvou-o da acusação de blasfêmia e da condenação à morte (26,18).

Mas a verdadeira ruptura com seus concidadãos aconteceu quando Jeremias, com uma ação simbólica contra Jerusalém, quebrou um jarro de cerâmica (19,1ss.). O ato e suas implicações não passaram despercebidos, pois foi feito diante de testemunhas. Por isso, o profeta foi preso e açoitado (20,1s.) e proibido de entrar no Templo.

Perante o povo, Jeremias era um blasfemo, para os dirigentes, um derrotista. Em todo o caso, era melhor não ser visto em sua companhia. Até seus amigos o marginalizaram levando-o quase ao desespero (15,10s.; 18,19s.; 20,7s.).

Porém, o Império Egípcio durou pouco. Em 605 a.C. Nabucodonosor derrotou o exército de Necao II e tornou-se senhor de toda a região. Joaquim tornou-se, então, vassalo da Babilônia. O "inimigo do norte", anunciado por Jeremias, tomava forma.

Então, Deus ordenou ao seu profeta para escrever suas profecias e lê-las diante do povo e das autoridades (36). Jeremias ditou-as a seu secretário Baruc, que foi também encarregado de ler os oráculos perante o povo, no dia do grande jejum (Yom Kippur), em 604 a.C. Diante da repercussão do fato, Baruc foi chamado para fazer a leitura em frente aos notáveis do reino e depois diante do rei. Numa atitude de total desprezo, Joaquim rasgou e queimou todo o rolo de pergaminho com as profecias de Jeremias.

Depois, o rei ordenou que o profeta e seu secretário fossem presos. Avisados por um funcionário da corte ambos conseguiram fugir e se esconder. Jeremias reescreveu todas as suas profecias e acrescentou outras àquelas queimadas por Joaquim.

3° No reinado de Sedecias (598-587 a.C.)

Em 598 a.C., os oráculos de Jeremias se cumpriram. Nabucodonosor, que não podia suportar uma tentativa de revolta perto do Egito, fez uma expedição militar contra Judá e assediou Jerusalém. Nesse ínterim, o Rei Joaquim morreu. Nabucodonosor tomou Jerusalém e o novo Rei Joiaquin (Jeconias) e grande parte da população foi levada para o exílio na Babilônia. No lugar de Joiaquin, Nabucodonosor nomeou outro filho de Josias, chamado Matanias, e mudou seu nome para Sedecias.

O novo Rei Sedecias ficou numa situação difícil. Era vassalo da Babilônia e governava sabendo que o verdadeiro rei continuava vivo, no exílio. Muitos o consideravam apenas um regente já que o verdadeiro rei estava vivo na Babilônia.

Esses acontecimentos aumentaram o prestígio do Profeta Jeremias. O rei parecia disposto a ouvi-lo. Mas era um homem fraco, de caráter e indeciso, e deixou-se influenciar por grupos contrários à Babilônia, que o aconselharam a revoltar-se com o apoio do Egito. Ao contrário, Jeremias se opôs à revolta e pregou a submissão total ao rei da Babilônia. Definiu Nabucodonosor como "servo de Deus" (25,9; 27,6; 43,10).

Jeremias também teve que lutar contra falsos profetas, como Ananias (27-28), que na revolta de 598 a.C. instigaram Judá a unir-se aos rebeldes. Também entre os exilados havia tentativas de revoltas. Jeremias escreveu-lhes uma carta exortando-os não se revoltar, nem alimentar um otimismo fácil, mas a trabalhar e procurar o próprio bem-estar no novo país (29).

Durante o último assédio de Jerusalém, iniciado em 588 a.C., Jeremias foi acusado de compactuar com o inimigo, porque pregava a rendição incondicional, e foi lançado numa cisterna de onde escapou por milagre (37-39). O rei procurava ajudá-lo, mas não tinha coragem.

A sorte de Jeremias mudou com a tomada de Jerusalém pelos babilônios. Grande parte da população foi levada para o exílio. O Templo foi saqueado, incendiado e Jerusalém foi totalmente destruída. Mas Jeremias foi tratado com respeito pelos babilônios e lhe foi permitido escolher se desejava acompanhar os exilados ou permanecer no país com o novo governador chamado Godolias. Jeremias optou por ficar e tentar ajudar na reorganização e reconstrução do país.

Porém, houve uma nova revolta dos poucos que ficaram em Judá. Godolias foi assassinado e, com medo das represálias de Nabucodonosor, os rebeldes fugiram para o Egito levando Jeremias como refém (42-44). Jeremias morreu no Egito, segundo uma lenda, martirizado.

O livro

O Livro de Jeremias foi definido como "uma grande confusão". Basta ver as perícopes datadas para se convencer:

- 1,2: no décimo terceiro ano do reinado de Josias: 626 a.C.
- 3,6: "no tempo de Josias": 641-609 a.C.
- 21,1-2: durante o cerco de Jerusalém em 588 a.C.
- 24,1: depois da primeira deportação: 598 a.C.
- 25,1: no quarto ano de Joaquim: 605 a.C.
- 27,1: no início do reinado de Sedecias: 598 a.C.
- 32,1: no décimo ano de Sedecias: 588 a.C.
- 35,1: no tempo de Joaquim: 602 a.C.
- 36,1: no quarto ano de Joaquim: 605 a.C.
- 39,1: no nono ano de Sedecias: 588 a.C.
- 44,1: quando Jeremias já estava no Egito: 587 a.C.
- 45,1: no quarto ano de Joaquim: 605 a.C.

Sem dúvidas o texto atual do livro não pertence nem ao Profeta Jeremias nem ao seu secretário Baruc. Na origem do livro está, certamente, a primeira tentativa de reunir as palavras do profeta, feita pelo próprio Jeremias na época de Joaquim (36). O texto escrito pelo profeta era, com grande possibilidade, uma coleção pequena de oráculos, uma vez que foi lida três vezes no mesmo dia. É impossível determinar quais oráculos pertenciam a essa primeira coleção.

A gênese do livro deve ter seguido em linhas gerais os seguintes passos: a reescritura do rolo mencionado no capítulo 36; textos do Profeta Baruc, secretário de Jeremias; notas autobiográficas do profeta.

Todo esse material foi reelaborado pelos escritores deuteronomistas com alguns acréscimos. Esse trabalho deve ter durado muitos anos, visto que o texto da Bíblia grega é diferente do texto da Bíblia hebraica.

O livro atual pode ser dividido em cinco partes:

Primeira parte – 1,1–24,14: apresenta uma série de oráculos agrupados segundo os três períodos da atividade do profeta:

1–6 – sob Josias.

7–20 – sob Joaquim.

21–24 – sob Sedecias.

Esses oráculos estão agrupados por temas: o pecado, o castigo, lamentações, ataques contra os falsos profetas. Nesta parte estão também as chamadas "confissões de Jeremias".

Segunda parte – 26–36: são textos escritos na terceira pessoa do singular e se referem ao profeta.
Supõe-se que Baruc tenha recolhido e agrupado o conteúdo desses capítulos.
Nos capítulos 26–29 se segue uma ordem cronológica; nos capítulos 31–36 a ordem é temática. É interessante o confronto entre os capítulos 7 e 26 que narram o mesmo acontecimento.

Terceira parte – 37–45: narram a atividade do profeta ao longo dos últimos anos de seu ministério, durante o cerco de Jerusalém. É provável que seja obra de Baruc.

Quarta parte – 46–51 e (25,15-38): são oráculos contra as nações. Na Bíblia grega, os capítulos 46 a 51 estão colocados imediatamente após o capítulo 25. Essa mudança provoca uma numeração diferente nos capítulos seguintes.
A autenticidade desses capítulos é muito discutida.

Quinta parte – 52: é um apêndice histórico paralelo a 2Rs 25 no qual não se faz nenhuma menção do profeta. No final do capítulo se faz referência à libertação do Rei Joiaquin pelos babilônios.

O texto da Bíblia grega

O texto do Profeta Jeremias, na Bíblia grega, é menor do que na Bíblia hebraica; cerca de 2.800 palavras. Também os oráculos contra as nações estão colocados logo depois do capítulo 25.

Em muitos casos o tradutor grego resumiu textos muito longos ou pouco interessantes. Outras vezes cometeu erros involuntários; ou omitiu textos importantes, como 34,14-26.

É provável que os tradutores gregos traduziram um texto mais breve, onde faltavam os textos omitidos. Isso indica que o Livro de Jeremias continuava a sofrer acréscimos de muitos textos que circulavam, independentemente, ainda no século II a.C.

Mensagem

Jeremias não foi um político, mas um verdadeiro profeta, que não se deixou levar pelas tramas políticas de seu tempo. Possuía a sabedoria e a clarividência de quem não é escravo de paixões políticas, nem da sede do poder.

Pregou por dezoito anos durante o reinado de Josias, desde sua vocação (627 a.C.) até a morte do rei (609 a.C.). Infelizmente, não sabemos nada sobre sua posição no mais importante fato desse tempo, a reforma religiosa de Josias. Seu silêncio foi interpretado como oposição e também como aprovação. Mas Josias preferiu consultar a profetisa Hulda (Olda), e não Jeremias, quando foi encontrado no templo o livro da Lei do Senhor, hoje identificado como o núcleo central do Deuteronômio (2Rs 22,13s.).

Durante esse período, Jeremias retomou as denúncias da decadência moral e religiosa feita anteriormente por Amós, Oseias, Isaías e Miqueias. Sua pregação não foi bem-vista e ele angariou muitos inimigos.

No reinado de Joaquim, Jeremias criticou a política interna e externa de Judá. Definiu o Rei Joaquim como aquele "que constrói a sua casa sem justiça e seus aposentos sem o direito, que faz o próximo trabalhar de graça e não lhe paga o salário, que não tem olhos nem coração senão para o lucro, para derramar sangue inocente, para a opressão e a violência" (22,13-19). Sua oposição ao rei lhe custou caro (26).

Sua pregação contra o Templo (7) quase lhe custou a vida. Foi salvo graças à proteção do secretário de estado, Safan. Depois de fazer uma ação simbólica contra o Templo (19) foi preso, flagelado e proibido de frequentá-lo.

A classe dominante considerava o profeta como traidor e derrotista por sua posição pró-Babilônia. Afirmava que o rei da Babilônia era servo de Deus e seu instrumento para castigar seu povo. Opor-se a Nabucodonosor era opor-se ao próprio Deus. E o povo o tinha como blasfemador por pregar contra o Templo. Por isso ele foi abandonado até por seus familiares e amigos.

Em 598 a.C., Nabucodonosor tomou Jerusalém e levou para o exílio o jovem Rei Joiaquin (Jeconias) e grande parte da população (2Rs 24,14-15). Assim suas profecias se cumpriam.

Jeremias continuou sua pregação durante o reinado de Sedecias. Aconselhava o rei a submeter-se à Babilônia. Jeremias teve a clarividência de ler os acontecimentos de seu templo à luz de sua fé. Teve também que opor-se a falsos profetas que anunciavam a vitória sobre a Babilônia.

Jeremias não foi ouvido. E Nabucodonosor tomou Jerusalém pela segunda vez em 586 a.C. Matou o Rei Sedecias e todos os seus filhos, destruiu as muralhas de Jerusalém e incendiou o Templo. Grande parte da população foi levada para o exílio.

Jeremias foi um homem de fé profunda. Para ele, somente Deus poderia mudar a qualidade de vida de seu povo. Enquanto o rei e os grandes de Judá pensavam em alianças políticas, Jeremias propunha a fé incondicional em Deus.

Quando criticou os reis Joaquim e Sedecias, o fez porque eles eram os grandes responsáveis pela injustiça cometida no país. Para Jeremias, a monarquia era causa dos pecados do povo. Os reis eram como pastores que feriam e dispersavam as ovelhas do rebanho (23,1-2). Ele sonhava com o momento em que o próprio Deus apascentaria seu povo. Deus castigou os pecados de seu povo através de Nabucodonosor, rei da Babilônia.

Como para os outros profetas dessa época, também para Jeremias a infidelidade do povo à Aliança do Sinai foi a causa da ruína completa do país. A idolatria, a injustiça generalizada, a falsa segurança religiosa de todos, mas em especial da classe dirigente, levou o país à catástrofe total.

5. BARUC

O profeta

Em 1,1ss. o livro é apresentado como palavras de Baruc, *"filho de Nerias, filho de Maasias, filho de Sedecias, filho de Asadias, filho de Helcias"* (Br 1,1). O profeta é identificado com o secretário de Jeremias que possui o mesmo nome e a mesma descendência (Jr 32,12). Baruc significa bendito, abençoado.

O livro apresenta outros dados interessantes sobre o profeta: Seu livro foi escrito na Babilônia (1,1), às margens do Rio Sud (1,4). Seus oráculos são datados *"no quinto ano, no dia sete do mês, na época em que os caldeus se apoderaram de Jerusalém e a incendiaram"* (1,2).

Segundo o Livro de Jeremias, Baruc foi levado para o Egito, onde se refugiaram os judeus revoltosos que mataram o governador Godolias deixado na Judeia por Nabucodonosor (Jr 43,2-7). Entretanto, segundo Flávio José, Baruc teria sido levado do Egito para a Babilônia cinco anos depois da destruição de Jerusalém. Na Babilônia ele teria criado uma escola que Esdras frequentou. Teria também recuperado os objetos sagrados que Nabucodonosor roubou do Templo (Flávio José. Ant. Judaicas).

Porém todas essas afirmações de Flavio José parecem fictícias.

- A presença de Baruc na Babilônia contradiz Jr 43,6-7 que afirma que Baruc foi levado para Tafnis no Egito. Segundo uma tradição rabínica, Baruc morreu no Egito antes da invasão de Nabucodonosor.

- O Rio Sud não consta em nenhum mapa da Babilônia;
- A cronologia de 1,2 é problemática: é o quinto ano da deportação de Joaquin (598 a.C.) ou da destruição de Jerusalém (586 a.C.):
  - na primeira hipótese, Jerusalém não foi destruída pelo fogo;
  - na segunda hipótese, o Templo foi destruído e, portanto, não havia um culto regular nem peregrinações (1,6-14).
- Segundo Esd 1,7-11 a devolução dos objetos sagrados do Templo foi feita por Ciro a Sesbassar.
- Baltazar não era filho de Nabucodonosor (1,11), mas seu neto. A ordem exata dos reis da Babilônia é: Nabucodonosor – Nabônides – Baltazar.

Concluindo, todos os dados biográficos do autor são questionáveis. Baruc seria, então, o pseudônimo de um autor desconhecido.

Autenticidade

Desde a época da Patrística foram apresentadas várias tentativas para identificar o autor:

- O autor seria o próprio Profeta Jeremias. Assim pensavam Irineu, Clemente de Alexandria, Atanásio, Agostinho. Hoje é uma hipótese abandonada.

- O autor seria Baruc, secretário de Jeremias. É o que afirma a Tradição da Igreja e muitos autores católicos.

- Para outros, o livro é um texto apócrifo escrito entre os anos 81 e 117 d.C. Essa afirmação se baseia na grande afinidade com os Salmos de Salomão. Porém, a questão é saber como um texto apócrifo tão tardio foi aceito na tradução da Bíblia grega, chamada Setenta, ou como os autores cristãos do século II puderam citá-lo.

- A maioria dos autores consideram o Livro de Baruc uma antologia formada por três textos preexistentes e de autores diferentes que viveram no período dos Macabeus (séc. II a.C.)
  - 1,1–3,8: Livro da oração dos exilados:
    1,1-14: prólogo histórico fictício
    1,15–3,8: Salmo penitencial semelhante a Dn 9,4b-19 - século II a.C.
  - 3,9–4,4: Louvor à Sabedoria/Lei: não apresenta nenhum contado com o texto precedente. Mas há vários contatos com Jó (28), Provérbios (8) e Eclesiástico (1,1-20;24). Provavelmente é do período persa ou início do período grego.
  -

- 4,5–5,9: Discurso de consolação – se assemelha bastante aos textos de consolação do Terceiro-Isaías e com os Salmos de Salomão. Pode ser da época do exílio ou da época dos Macabeus.
- 6,1–72: Carta de Jeremias: Trata-se de uma carta escrita pelo Profeta Jeremias para os exilados na Babilônia. Para alguns autores a carta não é de Jeremias, mas de um autor anônimo do exílio ou do pós-exílio. Muitos manuscritos colocam-na logo após as Lamentações. A *Vetus Latina* transformou a Carta no capítulo 6 de Baruc. São Jerônimo não traduziu essa carta por considerá-la pseudônima. Da análise literária se pode deduzir que o texto foi originalmente escrito em hebraico por um grande conhecedor da Mesopotâmia, e depois foi traduzida em grego. Não se trata de uma carta, mas de um discurso sarcástico contra a idolatria da Babilônia. Discorre sobre a nulidade dos deuses da Babilônia. Parece ser uma série de ideias recolhidas sem muita ordem nem método, ricas de ironia e desprezo.
  Quanto à sua datação, as opiniões são divergentes: da época persa; pelo ano 120 a.C., baseado em 2Mc 2,1-2; para outros, baseados em 6,2, a data é de 70 anos depois do exílio.

Conclusão

O Livro de Baruc não é unitário. É formado por três textos diferentes e de autores diferentes. Um redator final uniu as partes usando a pseudonímia, atribuindo-o a Baruc, secretário de Jeremias.

E um dos tradutores da *Vetus Latina* acrescentou ao texto a Carta de Jeremias.

Canonicidade

O livro não consta no Cânon hebraico e, por isso, São Jerônimo não fez sua tradução nem o comentou.

A maioria dos primeiros escritores cristãos aceitou sua canonicidade.

OS PROFETAS DO EXÍLIO

2

Contexto histórico

Para situar esses profetas no contexto histórico em que pregaram, abordamos de modo sucinto o período do exílio. Referimo-nos ao exílio dos habitantes do reino de Judá na Babilônia. É certo que houve um exílio das tribos do reino de Israel para a Assíria depois da queda da cidade de Samaria em 721 a.C. Aqui nos atemos ao exílio na Babilônia.

Aconteceram duas deportações dos habitantes de Judá para a Babilônia:

- A primeira aconteceu em 597 a.C. quando o jovem Rei Joaquin ou Jeconias foi deportado por Nabucodonosor. O texto de 2Rs 24,14-16 menciona dezoito mil judeus entre nobres, artesãos e soldados, além do rei e de grande parte da corte.

- A segunda deportação aconteceu em 586 a.C. após a queda de Jerusalém, do saque e incêndio do Templo. O Profeta Jeremias cita ao todo quatro mil e seiscentas pessoas.

O Livro de Daniel (1,1-3) menciona uma deportação anterior a essas duas, pelo ano 605 a.C. após a vitória de Nabucodonosor sobre o faraó do Egito, Necao II, em Carquemis. Nabucodonosor teria exigido a submissão do Rei Joaquim e levado alguns reféns para a Babilônia, entre eles Daniel e seus companheiros. Alguns historiadores negam essa deportação porque não é mencionada nos livros históricos.

Em 586 a.C., depois de tomar e incendiar Jerusalém e o Templo, Nabucodonosor levou para a Babilônia grande parte da população do reino de Judá.

Era uma tática de domínio dos assírios e babilônios deslocar populações inteiras dos territórios conquistados. Assim evitavam futuras revoltas, pois esses povos assimilavam a cultura de outros países e logo perdiam sua própria identidade.

O território do reino de Israel foi repovoado por outros cincos povos. Da mescla desses povos com os israelitas que ficaram no país surgiu um novo povo, os samaritanos.

Já o território de Judá não foi repovoado. Muitos judeus que se esconderam, ou fugiram, ou que eram velhos, aleijados, ou que se posicionaram a favor dos babilônios ficaram no país.

A situação dessa gente era desoladora. Jerusalém com o Templo e grande parte do reino tinham sido devastados pelos exércitos da Babilônia. Nabucodonosor nomeou como governador da região um certo Godolias. Também o Profeta Jeremias preferiu ficar no país para ajudar essa pobre gente. Mas Godolias foi assassinado alguns anos depois e os rebeldes fugiram para o Egito levando o Profeta Jeremias.

Além das grandes dificuldades materiais, essa gente sofreu com a falta de seus líderes, dos sacerdotes. A situação moral era pior do que a material.

Com o passar do tempo os que ficaram em Judá foram se reerguendo e reconstruindo suas casas e plantações. Mas sofriam com os bandos de assaltantes que percorriam a região que parecia uma terra de ninguém. Havia também a oposição dos edomitas e dos samaritanos.

Entre os que foram levados para Babilônia, muitos morreram no caminho. Aproximadamente quatro meses de caminhada pelo deserto com uma série de privações. Os que resistiram ao longo e penoso caminho foram assentados perto do Rio Kebar ou nos subúrbios da cidade da Babilônia. Alguns foram trabalhar na construção de canais de irrigação, outros na construção de edifícios públicos e outros se tornaram agricultores e jardineiros nos latifúndios do rei ou dos templos.

É impossível saber o número exato dos exilados. Porém, eram todos nobres, comerciantes, artesãos, sábios, sacerdotes, profetas. Todos eram pessoas bem-qualificadas. Nabucodonosor não levou para a Babilônia os que não tinham nenhuma qualificação profissional, como os doentes, idosos, paralíticos, pobres. Esses ficaram em Judá. Os que foram para o exílio eram pessoas com condições de sobreviver na Babilônia. E foi o que aconteceu.

Com o passar do tempo suas condições de vida foram melhorando, sobretudo, para os mais inteligentes sob a orientação dos profetas Jeremias e Ezequiel. Muitos conseguiram prosperar e enriquecer. Compraram terras, construíram casas, aumentaram suas famílias. O contraste com os que ficaram no país era grande. A cidade da Babilônia oferecia inúmeras oportunidades de crescimento.

No tempo de Esdras muitos judeus já tinham escravos, enriqueceram e foram capazes de fazer grandes ofertas para a reconstrução do Templo.

Quando Ciro permitiu a volta dos exilados, esses preferiram ficar na Babilônia e não voltar para Jerusalém.

O maior sofrimento dos exilados era interior; o orgulho ferido, a saudade de Jerusalém, a perda de membros da família.

A crise religiosa foi profunda. Marduk, deus dos babilônios, se mostrara superior a Javé ao destruir sua cidade e seu Templo. Javé era mesmo um Deus todo poderoso? E como adorar Javé fora de Judá, longe do seu Templo?

Longe de sua pátria, sem a liderança do rei, sem o Templo, os exilados lutaram para manter sua identidade. Assimilaram muito da cultura local como, por exemplo, a língua aramaica. Mas buscaram meios de se manter fiéis é própria cultura e religião.

Na ausência de lideranças políticas, os sacerdotes desempenharam um papel importante. O sumo sacerdote foi adquirindo importância também no campo civil.

Para manter a própria identidade os exilados deram grande importância à circuncisão e à observância do sábado. Fundaram as sinagogas como local de oração e de estudo da Lei de Moisés. O exílio foi o período mais importante no surgimento dos livros sagrados. Muitos livros da Bíblia foram escritos nessa época.

O exílio durou até o ano 538, quando Ciro, rei da Pérsia, depois de derrotar os babilônios, permitiu o retorno de todos os povos exilados. O Profeta Jeremias havia predito setenta anos de exílio (Jr 29,10), mas na realidade foram aproximadamente cinquenta anos de cativeiro na Babilônia.

Durante esse trágico período, Deus não abandonou seu povo e o conduziu através do Profeta Ezequiel e de um outro profeta anônimo que recebeu o nome de Segundo Isaías (ou Dêutero-Isaías) porque suas profecias estão nos capítulos 40 a 55 do Livro do Profeta Isaías.

1. EZEQUIEL

O profeta

Ezequiel significa "Deus é forte" ou "Deus fortifica". Trata-se de um nome bem apropriado se levarmos em consideração as circunstâncias políticas e religiosas em que o profeta viveu e pregou.

Como Jeremias, também Ezequiel era de estirpe sacerdotal. Seu pai chamava-se Buzi (1,3). Ele era casado e amava ternamente sua esposa (24,16). Não sabemos se tinha filhos.

Ezequiel foi levado para o exílio em 598 a.C., quando Nabucodonosor tomou Jerusalém pela primeira vez. Nessa ocasião o rei da Babilônia levou para o exílio o jovem Rei Joaquin e grande parte da nobreza de Judá, como, também, artesãos e sacerdotes.

A vocação de Ezequiel é normalmente datada em 593 a.C. Na época ele tinha 30 anos de idade. Sua vocação está narrada em 2,1-10. As datas mencionadas no início de seu livro (1,1-3) já provocaram muitos debates.

A menção do "quinto ano do exílio do Rei Joaquin" deve ser contada a partir do ano 598 a.C., quando o rei de Judá foi substituído por seu tio Matanias, que teve o nome mudado para Sedecias, e levado para o exílio.

A dificuldade está no "trigésimo ano" (1,1). Alguns pensaram em uma datação do tempo da reforma do Rei Josias (623/622); outros pensam no exílio do Rei Joaquin; outros ainda colocaram esse primeiro versículo entre 43,3 e 43,4. Para outros o "trigésimo ano" deveria ser modificado para "treze". Mas a opinião mais aceita é que o ano trinta se refere à idade do profeta no momento da sua vocação.

Alguns biblistas afirmam que Ezequiel profetizou em Jerusalém até a tomada da cidade em 587 a.C., portanto, ele teria ido para o exílio na segunda deportação. Assim se procura explicar a abundância de notícias sobre a situação da cidade entre os dois exílios. Essa tese hoje é contestada por quase todos os estudiosos do profeta.

Ezequiel é visto como um dos personagens mais estranhos do Antigo Testamento por causa de seu modo de se comunicar com Deus e por suas visões grandiosas e ações simbólicas. Por isso o profeta foi estudado por psicólogos e psicanalistas e acusado de ter uma personalidade afetada pela esquizofrenia, regressão sexual inconsciente, mania de perseguição e de grandeza.

Para outros o profeta foi um fanático. Sem dúvidas, Ezequiel foi uma das maiores figuras espirituais de todos os tempos, não obstante, sua tendência à anormalidade.

O Livro de Ezequiel

Podemos facilmente dividir o texto de Ezequiel em quatro partes:

- 1–24: contém profecias referentes à ruína de Jerusalém.
- 25–32: reúne as profecias contra as nações que ajudaram na destruição de Judá.
- 33–39: tem como base os acontecimentos que levaram à queda de Jerusalém.
- 40–48: é a chamada "Torá de Ezequiel".

Primeira parte – Ez 1–24

O livro se abre com uma fantástica visão de Ezequiel datada do quinto ano da deportação do Rei Joaquin (593 a.C.). O profeta vê a carruagem que transporta a glória de Deus. Os quatro animais retratados nas rodas da carruagem: homem, touro, leão e águia serão retomados no Apocalipse e a partir do segundo século se tornarão símbolo dos quatro evangelistas.

A vocação do profeta acontece durante essa visão: 1,28-3,15. Uma misteriosa mão oferece ao profeta um rolo de pergaminho que ele deve comer. O comer o livro significa assimilar seu conteúdo. Então, Ezequiel deverá anunciar aos israelitas as palavras de Javé (3,17-21).

Os capítulos 4–7 contêm uma mistura de ações simbólicas e oráculos que anunciam o cerco e a queda de Jerusalém: o cerco da cidade (4,1-3); as privações dos habitantes da cidade (4,4-8); a fome dos habitantes de Jerusalém (4,9-17).

Vamos conhecer mais sobre as profecias de Ezequiel, apresentadas nos capítulos:

- 5,1-4: contém um simbolismo muito importante e sugestivo: os cabelos e a barba do profeta são cortados com uma navalha e divididos em três partes: um terço é queimado; um terço deverá ser cortado com a espada, e um terço é jogado ao vento.

- 5,5-17: Interpretação da visão: os cabelos do profeta representam os habitantes de Jerusalém. Uma parte morrerá no incêndio da cidade, outra parte será morta pelo exército de Nabucodonosor e outra parte será dispersa. Os poucos cabelos e pelos que ficaram no manto de Ezequiel representam o pequeno "resto" que será o início de um novo povo.

- 6–7: contém os oráculos contra os montes de Judá. Os montes são os lugares altos onde se praticava a idolatria. O capítulo 6 anuncia a ruína de todo o país e o capítulo 7 a queda de Jerusalém.

- 8: A visão é datada do sexto ano do exílio de Joaquin, ou seja, 592 a.C. O profeta é transportado em visão para a entrada do Templo de Jerusalém e constata todas as abominações que se cometiam ali.

- 9: o castigo executado por seis pessoas atinge toda a população, com exceção daqueles que tiverem um sinal, a letra TAU na fronte.

- 10: Ezequiel tem a visão da Glória de Javé que abandona o Templo e a cidade. Deus deixa seu Templo por causa das abominações do povo.

- 11: retoma a descrição das abominações interrompidas pelo capítulo 10. Entre os responsáveis pelos pecados do povo estão 25 pessoas, das quais o profeta cita o nome de duas: Jezonias, filho de Azur e Feltias, filho de Banaías (11,1). No final da visão o profeta é reconduzido para a Babilônia entre os exilados.

- 12: Javé pede ao profeta que simule uma partida para o exílio, fazendo um buraco no muro de sua casa. O profeta representa, no símbolo, o Rei Sedecias procurando fugir dos babilônios (cf. 2Rs 24,18-25,30; Jr 52).

- 13: oráculos contra os falsos profetas e profetisas.

- 14,1-11; 11: Oráculo contra a idolatria dos anciãos de Israel.

- 14,12-23: interessante oráculo sobre a responsabilidade individual: cada um é responsável por seus próprios atos.

- 15–17: a palavra de Javé é transmitida em forma de parábolas e alegorias: a parábola da vinha (15); alegoria sobre a história de Israel. O profeta compara Jerusalém a uma esposa infiel ao seu marido. Ao invés de cobrar ela paga para se prostituir. As alianças políticas são vistas como infidelidade (16); alegoria das águias: a primeira águia é o Império da Babilônia que deportou o jovem Rei Joaquin. A segunda águia é o Rei Sedecias que se alia ao faraó do Egito e assim traça a ruína de Jerusalém (17).

- 18: o profeta retoma o tema da responsabilidade pessoal. Não se pode dizer que foram os antepassados que pecaram e, agora, seus filhos sofrem as consequências. Cada um deve arcar com suas responsabilidades.

- 19: em forma de lamentação, o profeta compara a dois pequenos leões aos dois reis de Judá: Joacaz exilado no Egito, e Joaquin, no exílio da Babilônia.

- 20: é datado do sétimo ano do exílio, isto é, 591 a.C. Os anciãos vieram consultar Javé, mas o profeta responde traçando um amplo quadro da história de Israel. Uma história de revoltas e infidelidades.

- 21: Judá é comparado a uma floresta. A espada que abate a floresta é a do rei da Babilônia. Ele destruirá o reino de Amon e de Judá.

- 22: denúncia dos pecados de Israel que é comparado ao metal impuro que deve passar pelo fogo para a purificação.

- 23: desenvolve o capítulo 16 e descreve com termos impressionantes as prostituições de Ohola e Oholiba, duas irmãs, que representam Samaria e Jerusalém.

■ 24: datado do nono ano do exílio, 588 a.C. quando começou o cerco de Jerusalém. A cidade é comparada a uma panela enferrujada que deve ser esvaziada antes de ser colocado ao fogo.

O Senhor anuncia a morte iminente da esposa de Ezequiel. Mas o profeta não deve guardar luto pela morte de sua mulher. Assim, os israelitas não chorarão a destruição de Jerusalém (24,15-27). Então, o profeta guardará silêncio até a chegada do fugitivo, que anunciará a queda da cidade de Jerusalém (24,25-27).

Segunda parte – Ez 25–32

Esses capítulos formam um bloco de oráculos contra as nações, como os Is 13-23 e Jr 46-51. Alguns desses oráculos podem ser datados: contra Tiro (26,1); contra o Egito (29,1.17; 30,20; 31,1; 32,1; 32,17). Outros oráculos têm uma autenticidade duvidosa e foram inspirados pelo sentimento de angústia provado pelos judeus no momento da destruição de Judá.

Terceira parte – Ez 33–39

Nesses capítulos narram a segunda fase da pregação de Ezequiel. São oráculos de salvação.

O capítulo 33 começa por um oráculo não datado no qual são retomadas as ideias de 3,17-21 sobre o papel do profeta e de 18,18-29 sobre a responsabilidade pessoal. Chega o fugitivo anunciado em Ex 24,25-27 e o profeta começa a falar novamente.

O capítulo 34, inspirado em Jr 23,1-8, estigmatiza os pastores que exploram suas ovelhas, em vez de apascentá-las. Por isso, o próprio Javé se ocupara pessoalmente de seu povo.

Os capítulos 35 e 36 parecem fora de contexto, e deveriam estar entre os oráculos contra as nações, pois se trata de um oráculo contra os Edomitas e os habitantes do reino de Israel acusados de terem sentido alegria com a desgraça de Judá.

O capítulo 37: é talvez a mais impressionante visão de Ezequiel. Ossos ressecados recobram nervos e carne e retornam à vida pelo sopro do Espírito de Javé. A imagem é explicada em 37,11-14: o Espírito de Javé reanimará seu povo desesperado e ressecado pelo exílio. Esse novo povo será reconduzido de volta à terra de Israel.

Os capítulos 38 e 39 pertencem ao gênero literário apocalíptico. O profeta, em dois oráculos distintos (38,2 e 39,1), se dirige a um personagem que simboliza os invasores que vêm do Norte, Gog, cujo país se chama Magog. Gog, rei de Magog, representa todos os inimigos do povo de Deus. Os dois nomes acabaram por ser considerados como nome de dois personagens no Apocalipse 20,7-10.

No fim dos tempos, Gog, tendo reunido os mais diversos povos do Oriente Antigo, avançará contra Israel que é protegido por Javé.

O final do capítulo 39 não tem mais relação com a visão de Gog e seu exército. Trata-se de um elenco de considerações que poderia estar entre os oráculos contra as nações. Há também uma conclusão cheia de otimismo destinada a levantar o moral do povo.

Quarta parte – Ez 40–48

Esses capítulos formam um bloco à parte e receberam o título de Tora de Ezequiel.

Em uma grande visão, o próprio Javé mostra ao profeta as medidas e a arquitetura do Templo a ser reconstruído. É uma descrição minuciosa. Os filhos do Sacerdote Sadoc terão as prerrogativas dos sacrifícios (40,46; 43,19). A descrição é interrompida para narrar a chegada da glória de Javé entrando no Templo 43).

Segue uma repartição ideal do país entre os sacerdotes, os levitas e o Príncipe que virá (45,1-8). Fala-se também dos pesos e medidas que servirão para as oblações, holocaustos e sacrifícios (45,9-17).

O capítulo 47: narra a visão de uma fonte que jorra do Templo e se transforma em uma torrente de águas puras que fecundam inclusive para o Mar Morto (47,1-12).

O capítulo 48 propõe a repartição da Terra Prometida começando pelas tribos do Norte (48,1-7) e continuando pelas do Sul (48,23-29). Entre esses dois grupos está o espaço reservado a Javé, isto é, aos sacerdotes e levitas (48,8-22).

A visão termina com a entrada da Glória de Javé no Templo e com uma exortação à casa de Israel (48,13-27).

O Livro

Alguns autores protestantes consideraram o Livro de Ezequiel como uma coletânea feita depois do exílio por alguém que reuniu textos esparsos sobre o profeta. Outros afirmaram que o livro é obra dos escritores da Tradição sacerdotal.

Deixando de lado essas opiniões exageradas, é necessário reconhecer que como os outros livros proféticos, também o Livro de Ezequiel sofreu um processo de composição que se estendeu por vários anos. É fácil notar no livro esse trabalho redacional. Por exemplo, em Ez 4ss. estão misturadas as pregações do exílio (4,4-6.8.12-15); o cerco de Jerusalém (4,1-3.7.10; 5,1-17). Em Ez 10,1.8-17 se repe a descrição do carro da glória de Javé (1,1–2,2). Em Ez 10,33s. encontramos textos apocalípticos que são posteriores ao exílio.

Mas o livro contém muitos oráculos que provêm do próprio profeta. A cronologia dos oráculos dá a impressão de que o profeta quis redigir uma espécie de diário de sua atividade. Podemos distribuir essa cronologia na seguinte ordem:

- 1,2s.; 2,3–3,9: vocação do profeta – **"No dia cinco do mês (era o quinto ano do exílio do Rei Joaquin)"** (junho/julho de 593).

- 8,1–11,25: visão da glória de Deus que deixa o Templo – **"No sexto ano, no dia cinco do sexto mês"** (setembro/outubro de 592).

- 20,1-44: oráculos contra os juízes infiéis – **"No sétimo ano, no dia dez do quinto mês"** (julho/agosto de 591).

- 29,1-16: oráculo contra o faraó – **"No décimo ano, no dia doze do décimo mês"** (dezembro de 588/janeiro de 587).

- 26,1–28,26: oráculo contra Tiro e Sidon – **"No décimo primeiro ano, no primeiro dia do mês"** (março/abril de 587).

- 30,20-26: oráculo contra o Egito – **"No décimo primeiro ano, no dia sete do primeiro mês"** (março/abril de 587).

- 31,1-18: oráculo contra o faraó – **"No décimo primeiro ano, no primeiro dia do terceiro mês"** (maio/junho de 587).

- 33,21-29: anúncio da queda da cidade – **"No décimo primeiro do nosso cativeiro, no dia cinco do décimo mês"** (dezembro de 586/janeiro de 585).

- 32,17-32: lamentação sobre os egípcios – **"No décimo segundo ano, no dia quinze do mês"** (março/abril de 586).

- 32,1-16: lamentação pela queda do faraó – **"No décimo segundo ano, no dia primeiro do décimo segundo mês"** (março de 585).

- 40–48: visão do novo Templo e da nova Jerusalém – **"No vigésimo quinto ano do nosso cativeiro no princípio do mês, no dia dez do mês, catorze anos após a queda da cidade..."** (março/abril de 573).

- 29,17-21: anúncio da invasão do Egito por Nabucodonosor – **"No vigésimo sétimo ano, no dia primeiro do primeiro mês"** (março abril de 571).

Porém, o texto atual, como se pode ver, não observou a ordem cronológica dos oráculos, mas usou o critério de afinidade dos oráculos. Também está claro que os oráculos contra as nações interrompem a ordem dos oráculos contra Judá: 24,26s. se une a 33,21-29. Isso mostra o trabalho redacional do livro, mas não anula a autenticidade dos oráculos e visões de Ezequiel.

Mensagem

É muito difícil fazer uma síntese das profecias de Ezequiel. Alguns autores consideram-no o primeiro dogmático do Antigo Testamento. De fato, ele organizou seus oráculos em torno de um conceito base: a santidade de Deus. Outros temas como o pecado e o castigo e a salvação são entendidos a partir desse tema central.

O pecado e o castigo

As denúncias são numerosas. Já no relato da vocação se diz que Ezequiel será enviado a um povo rebelde, de coração duro (2,3-8; 3,7.26).

Todos os pecados são ofensas contra a santidade de Deus, sobretudo, a idolatria. Essa é descrita nos capítulos 16 e 23 com a metáfora do adultério. Israel possui um "coração adúltero". Ezequiel não denuncia apenas a assimilação de ritos idolátricos e a mentalidade idolátrica. Para ele, o povo possui uma inclinação obstinada ao pecado.

Essa infidelidade se manifesta nas várias alianças políticas. Em Ez 22,7-12 o profeta apresenta uma lista de pecados e culpas dos dirigentes políticos e espirituais de Israel. Por causa do pecado, Deus abandonará sua cidade (7) e seu santuário (10–11).

O castigo é descrito de vários modos: o cerco e a destruição de Jerusalém, o exílio. Como os profetas anteriores, Ezequiel considera a destruição do país e o exílio como castigo divino pelos graves pecados do povo.

A salvação

Deus removerá toda a impureza do seu povo; lhe dará um novo coração e um novo espírito (36,26). O profeta fala do retorno à casa, da restauração das casas e da agricultura, da fertilidade e da fecundidade do solo; promete uma nova vida.

Israel ressecado pelo exílio receberá vida nova, um novo espírito (37,1-14); os dois reinos se unirão outra vez (37,15-28). O próprio Deus será o pastor de seu povo (34,11-19) e seu príncipe (46,1-15).

Responsabilidade pessoal

Ezequiel é conhecido como o profeta da responsabilidade pessoal, pois procurou salientar a culpa e a retribuição individual. Sem eliminar o princípio da solidariedade (Ex 20,5), o profeta insiste na responsabilidade de cada indivíduo. O capítulo 18 é o texto base desse princípio. Já não se dirá mais "os pais comeram uvas verdes e os filhos ficaram com a boca amarga" porque cada um responderá por seus próprios erros e receberá a merecida recompensa.

2. O SEGUNDO ISAÍAS

As razões que levaram a pesquisa bíblica a falar de um Segundo (Dêutero)-Isaías, independente do Profeta Isaías, são de ordem histórica, literária e doutrinal.

Entre Is 39,8 e 40,1 há, do ponto de vista histórico, um grande vácuo de quase 160 anos (700 a 550 a.C.). Nesse ínterim aconteceram muitas coisas no Oriente Médio e em Israel. No plano internacional: a queda de Nínive, capital da Assíria, em 612; o surgimento do Império Babilônico que se tornou a nova grande potência. No plano nacional: a morte do "santo" Rei Josias, o reformador; o período posterior de anarquia política e religiosa de seus sucessores (2Rs 21-23); mas sobretudo a destruição do reino de Judá pelos babilônios.

O contexto histórico dos capítulos 40–55 não é mais aquele do século VIII a.C., época em que viveu o verdadeiro Isaías. Esses capítulos retratam a época do exílio na Babilônia, ou seja, o século VI a.C. Jerusalém e o Templo estão destruídos (44,26-28; 49,8.16-18). O reino de Judá desapareceu e o povo está no exílio sob o domínio da Babilônia (47,6; 52,2-3.5). O exílio já aconteceu há algum tempo e começa a despontar no horizonte o instrumento divino de salvação, Ciro, o rei da Pérsia (atual Irã). Ele derrotará os babilônios opressores e libertará Israel (41,1-7.25-29).

Esse anônimo profeta, apelidado de Segundo Isaías, viveu no meio dos exilados, conheceu sua incredulidade, revolta, indiferença religiosa, insensibilidade moral e inclinação para a idolatria.

A forma literária desses capítulos é muito mais solene do que os capítulos anteriores. O autor parece ser, além de profeta, um ótimo poeta. Predominam os oráculos de consolação, enquanto as ameaças agora são dirigidas contra a Babilônia. Por isso esses capítulos receberam o título de "Livro da consolação".

A doutrina do messianismo é dominada pela enigmática figura do "Servo de Javé". Já não se fala mais do "Emanuel".

É provável que o autor desses capítulos fosse um discípulo do Profeta Isaías e que viveu no exílio. Ele compartilhou os sofrimentos do seu povo e anunciou a libertação e o retorno à Terra Prometida. Ele soube adaptar o pensamento de Isaías às circunstâncias de seu tempo.

Época

O Segundo Isaías desenvolveu seu ministério profético provavelmente nos últimos anos que antecederam a destruição do Império Babilônico por Ciro, rei da Pérsia, isto é, entre os anos 550 a 540 a.C.

Ciro, rei de Arsan (Pérsia), tornou-se vassalo do reino da Média pelo ano 559 a.C. Alguns anos mais tarde, apoiado por Nabonides, rei da Babilônia, revoltou-se contra Astíage, rei da Média. Em 550 a.C., Ciro derrotou Astíage e criou o Império Medo-persiano.

As conquistas de Ciro criaram temor no Império da Babilônia. Para fazer frente à ânsia de conquistas de Ciro, Nabônides, rei da Babilônia, se aliou com o Egito. Mas em 539 a.C. Ciro venceu Nabônides e ocupou a cidade da Babilônia, capital do Império. A Palestina e todas as regiões, que faziam parte do Império Babilônico, foram incorporadas ao Império Medo-Persa. Nessa época viviam na Babilônia cerca de 15 mil judeus exilados por Nabucodonosor em 597 e 586 a.C.

É nesse amplo contexto histórico que o Segundo Isaías foi chamado por Deus para transmitir aos exilados uma mensagem de consolação e de esperança.

Em 538 a.C., Ciro, senhor absoluto de todo o Oriente Médio, publicou um decreto permitindo o retorno dos exilados judeus para sua pátria. Ao mesmo tempo permitiu a reconstrução de Jerusalém e do Templo de Javé.

Os Livros de Esdras e Neemias descrevem o retorno dos exilados e as dificuldades para reconstruir o país.

O profeta

Não sabemos absolutamente nada sobre este anônimo profeta. Ele nunca falou de si mesmo. Da leitura de seus oráculos podemos dizer que era um homem de grande cultura literária, de modo que é considerado um dos melhores escritores do Antigo Testamento. Profundo pensador e de alma sensível, ele meditou muito sobre o sofrimento do seu povo, sobre a tragédia que se abateu sobre Judá e sobre sua purificação. Também conhecia muito bem as tradições históricas do seu povo, principalmente as que se referem ao êxodo do Egito (43,19-20; 49,9-10).

MENSAGEM

1. O novo êxodo

A mensagem do Segundo Isaías é, antes de tudo, uma mensagem de esperança para seu povo humilhado pelo exílio.

Javé aceitou a penitência de seu povo e em breve o levará de volta para a Terra Prometida. Toda a sua profecia é dominada pela certeza de que Deus salvará seu povo.

Javé não é um deus vencido, mas mostrará todo o seu poder. Ele é o criador de tudo e ninguém pode resistir ao seu poder. Os deuses dos pagãos não são verdadeiros. Eles são ídolos feitos de madeira ou de metal (40,19ss.; 46,5-7).

Javé tem o controle da história, não apenas da história de seu povo, mas de todos os povos. Por isso Ele chama Ciro, o rei da Pérsia, para ser o seu instrumento de salvação de seu povo.

O retorno do exílio é descrito como um novo êxodo que supera em grandiosidade o êxodo do Egito (41,17-19; 42,16; 43,2.16-18; 48,21; 49,10; 51,10).

A potência opressora, Babilônia, é descrita como uma prisão (42,16.22). Deus humilhará o orgulho do grande império enviando contra ele seu servo Ciro. Assim, Deus manifesta sua fidelidade às promessas. O exílio foi um castigo merecido pelos graves pecados cometidos por Israel. Mas, agora o Senhor anuncia a salvação que deve ser aceita com fé, pois Ele é o Senhor da história.

O retorno é descrito como uma grande peregrinação ao Monte Sião. Jerusalém se tornará, outra vez, a grande cidade, a habitação de Javé. Por isso, a cidade santa é apresentada como uma jovem adornada de vestes esplêndidas ou como uma mãe fecunda que gera um novo povo. Durante o retorno, Deus transformará o deserto em jardim regado por águas abundantes (40,3-5; 41,18ss.; 42,16; 49,9-11; 55,12ss.).

A volta do exílio, para o profeta, não é um mero retorno físico para a Palestina. Ele sonha com a repetição dos grandes feitos do êxodo do Egito: a reconstrução de Israel, o restabelecimento do domínio real de Javé no mundo. Por isso ele repete com insistência que "algo novo" está para acontecer (42,9; 43,19; 48,3.6-8). O profeta não anuncia apenas um restabelecimento da ordem anterior ao exílio, mas uma mudança histórica. Ele não fala em uma Nova Aliança como Jeremias, porque, no seu entender, a aliança entre Javé e Israel nunca foi quebrada. O exílio não foi um "divórcio" definitivo.

2. O Servo de Javé

No texto do profeta ocupa um lugar importante quatro perícopes que se referem a um personagem chamado de "Servo de Javé": 42,1-4; 49,1-6; 50,4-9 e 52,13–53,12.

Esses quatro cânticos se apresentam na forma de um drama sagrado que culmina na morte e glorificação do Servo.

- 42,1-4: Javé apresenta o seu eleito e descreve sua vocação e missão que é de restabelecer a verdadeira religião sobre toda a terra.

- 49,1-6: o próprio Servo apresenta sua eleição, sua função de pregador e as dificuldades que encontra no seu ministério. Sua tarefa é reunir Israel e ser mediador dos homens.

- 50,4-9: o terceiro canto descreve novamente a missão do Servo.

- 52,13–53,12: o mais importante dos cânticos descreve os sofrimentos e a morte expiatória do Servo inocente.

Discute-se muito sobre a origem desses cânticos. Para muitos eles formavam um bloco independente do contexto atual no livro do profeta. Porém, a maior dificuldade está na identificação do Servo de Javé. Nas outras profecias Israel é sempre identificado como o Servo de Javé. Contudo nestes poemas essa identificação é mais difícil.

O Servo também não pode ser identificado com nenhum personagem histórico da época do profeta ou anterior a ele. Parece ser uma figura que flutua entre o indivíduo e um grupo. Assim, se propôs a figura de "personalidade corporativa", um indivíduo que representa todo um grupo. No entanto, a questão da identificação do Servo continua sem resposta clara.

O Novo Testamento identificou o Servo com Jesus e viu nesses poemas a profecia da sua paixão, morte e glorificação (cf. Lc 2,31-32; 22,37; 24,26-27; Fl 2,7).

A interpretação dos Cânticos do Servo pode ser feita de dois modos:

O primeiro modo de interpretá-los é considerar que cada cântico se refere a um personagem designado como Servo: Israel, Ciro, ou qualquer outro que tenha uma missão referente a Israel.

- O primeiro cântico fala de Ciro. Ele não é nomeado antes de 44,28, mas suas vitórias são consideradas como sinais de esperança.

- O segundo cântico se refere a Israel, provavelmente ao "resto fiel", que tem a missão de elevar as "tribos de Jacó".

- No terceiro cântico o profeta fala de si mesmo: desprezado, ele colocou toda a sua confiança em Deus que não o abandonará.

- O quarto cântico designa, como o segundo, o "resto de Israel" cuja humilhação salva todo o povo. Ou seria o próprio profeta? Ou Jeremias? Ou um membro da família real no exílio?

O segundo modo afirma que os quatro cânticos formam um todo e apresentam pouco a pouco a figura misteriosa do Servo de Javé, cuja vida salva o seu povo. É um personagem ou uma coletividade?

- O primeiro cântico apresenta o Servo, cuja missão se volta para os pobres, os fracos.

- No segundo, o Servo é humilhado, mas deve ser a "aliança das nações".

- O terceiro descreve as perseguições sofridas pelo Servo que põe toda sua confiança no Senhor.

- O quarto cântico mostra a morte do Servo que salva uma multidão.

Este segundo modo de ler os Cânticos do Servo foi utilizado pelos autores do Novo Testamento que viram em Jesus o Servo de Javé que em sua morte salva toda a humanidade e é exaltado por Deus. Por isso, o Quarto Cântico é lido como primeira leitura na celebração da paixão na Sexta-Feira Santa.

3
OS PROFETAS DO PÓS-EXÍLIO

Contexto histórico

Em 539 a.C., Ciro, rei da Pérsia, que havia conquistado o reino da Média derrotando o Rei Astíage, seu avô materno 9550 a.C., derrotou em seguida Nabônides, último rei da Babilônia, e formou o grande Império Persa, que durará até 331 a.C. Logicamente todos os territórios ocupados pela Babilônia passaram para o domínio persa. Assim sendo, Judá passou a ser parte do império de Ciro II, chamado o Grande.

Consciente da grandeza de seu império, que se mantinha unido só pelo temor e pela opressão, Ciro adotou uma política muito mais liberal em relação à praticada pelos reis da Babilônia. Ciro e seus sucessores sempre se mostraram tolerantes com os povos conquistados e respeitosos com seus deuses.

No final de 539 ou início de 538 a.C., Ciro publicou um decreto permitindo que todos os povos deportados pelos babilônios retornassem para seus países e reconstruíssem seus templos. O decreto permitiu aos judeus retornarem para reconstruir Jerusalém e o Templo. A Bíblia conservou duas versões desse importante decreto, uma escrita em hebraico (2Cr 36,22-23 e repetida em Esd 1,2-4) e outra em aramaico (Esd 6,3-12).

Ao conceder liberdade religiosa completa, Ciro se apresentava como o restaurador das várias religiões destruídas pelos soberanos da Babilônia, em especial do culto de Marduk. Com esse modo de agir, Ciro não só conquistava a simpatia da população de seu império, como angariava o apoio dos sacerdotes, único elemento que resistiu à opressão dos babilônios.

Logo um grupo de exilados se preparou para o retorno. Segundo os historiadores seriam uns cinquenta mil judeus ou apenas dez por cento dos exilados. A maioria dos exilados preferiu permanecer na Babilônia. As razões são muitas: eram pessoas que tinham prosperado economicamente e não queriam trocar sua estabilidade pela aventura; Judá estava em ruínas e seriam necessários muitos anos para a reconstrução; a Babilônia lhes oferecia muito mais oportunidades de prosperar; as dificuldades do longo caminho pelo deserto.

O primeiro grupo de repatriados foi liderado pelo Sacerdote Josué e por Zorobabel (Esd 2,2). Josué era filho do Sacerdote Josedec que foi levado para Babilônia (2Cr 5,41). Zorobabel era neto do Rei Joaquin, que foi conduzido ao exílio na primeira deportação, em 597 a.C. Alguns textos do Livro de Esdras chamam o líder civil dos repatriados de Sassabasar (1,8.11; 5,14.16) e outros de Zorobabel (2,2; 5,2). Seriam duas pessoas ou dois nomes da mesma pessoa. Como o título de governador é aplicado a ambos, podemos supor que se tratava da mesma pessoa, chamada pelos babilônios de Sassabasar e pelos judeus de Zorobabel.

Os repatriados chegaram em Jerusalém após quatro meses de caminho pelo deserto (esse foi o tempo que Esdras levou para ir da cidade da Babilônia até Jerusalém (cf. Esd 7,9)). A primeira preocupação foi refazer o altar dos holocaustos e retomar os sacrifícios interrompidos em 587 a.C., quando o Templo foi destruído (Esd 3,2-3). Logo depois celebraram a festa das Tendas (ou dos Tabernáculos).

Sete meses mais tarde colocaram a primeira pedra da reconstrução do Templo (Esd 3,8s.). Porém, os trabalhos no Templo não avançavam, sobretudo por causa da oposição dos samaritanos que não queriam a reconstrução do santuário e de Jerusalém.

Sob Cambises II (530-522 a.C.), sucessor de Ciro, se intensificou o movimento de retorno.

Graças às pregações dos profetas Ageu e Zacarias e ao incentivo do novo rei, Dario I (522-485 a.C.), os trabalhos prosseguiram e o Templo foi dedicado em 515 a.C. Esse Templo é normalmente chamado de "Segundo Templo" ou de "Templo de Zorobavel".

Na época de Esdras e Neemias (520-430 a.C.) foram reconstruídas as muralhas de Jerusalém. Esdras e Neemias são os grandes responsáveis pela reconstrução material, moral e religiosa do antigo reino de Judá.

Durante esse período, Deus guiou seu povo através dos profetas Ageu, Abdias, Zacarias, Joel e Malaquias.

1. AGEU

O profeta

O Profeta Ageu (Haggai em hebraico) é citado em Esd 5,1 e 6,14. Mas não sabemos absolutamente nada sobre ele: nem o nome de seu pai, ou o lugar de seu nascimento.

Seu grande interesse pelo Templo não prova que fosse um sacerdote, como pensaram alguns historiadores. A consulta que ele fez aos sacerdotes (2,11) parece sugerir o contrário.

Seu livro começa com um dado cronológico: **"No segundo ano do Rei Dario, no primeiro dia do sexto mês..."** (1,1). Trata-se de Dario II, que reinou entre 522 a 485 a.C. O segundo ano de Dario corresponde, portanto, ao ano 520 a.C.

O livro

Com seus dois capítulos o Livro de Ageu é, depois do Livro de Abdias, o mais curto do Antigo Testamento.

São oráculos precisamente datados que correspondem a quatro meses: de 27 de agosto a 18 de dezembro de 520.

1. Primeiro oráculo: 1,1-11 – **"No segundo ano do Rei Dario, no primeiro dia do sexto mês..."**
2. Segundo oráculo: 2,1-9 – **"No segundo ano do Rei Dario, no dia vinte e um do sétimo mês..."**
3. Terceiro oráculo: 2,10-19 – **"No dia vinte e quarto do nono mês, no segundo ano de Dario..."**
4. Quarto oráculo: 2,20-23 – **"A Palavra do Senhor foi dirigida pela segunda vez a Ageu, no dia vinte, quarto dia do mês, nestes termos:"**

Os dois primeiros oráculos são dirigidos a Zorobabel, governador de Judá, e a Josué, filho de Josedec, sumo sacerdote. No segundo oráculo se acrescentou também "ao resto do povo".

O terceiro oráculo é dirigido aos sacerdotes; e o quarto somente a Zorobabel.

Mensagem

Todo o livro trata da reconstrução do Templo e das bênçãos que isso acarretaria. Seu grande interesse pelo Templo parece contrastar com os profetas anteriores que criticaram abertamente os sacrifícios ali realizados. Para Ageu, as dificuldades enfrentadas pelos repatriados eram consequência da falta do Templo. Deus não poderia estar no meio do seu povo, se não houvesse o Templo.

Mas Ageu vi, na situação política, social e religiosa de seu tempo, uma urgência espiritual. Reconstruir o Templo era, para o profeta, dar a Deus o primeiro lugar. Ele entendeu que o Templo daria aos repatriados um elo de união. Sem o Templo eles poderiam se desintegrar.

A reconstrução do Templo não é um fim em si mesma, mas é sinal que as promessas divinas seriam cumpridas logo. O Templo é sinal da vinda escatológica do reino de Deus. A presença de Deus traz consigo uma série de benefícios para seu povo, a primeira delas, a abundância de alimento.

2. ZACARIAS

O profeta

Sabemos muito pouco sobre Zacarias. Segundo Esd 5,2; 6,14 e Ne 12,16, o Profeta Zacarias era filho de Ado, chefe de uma das vinte famílias sacerdotais do templo do sumo Sacerdote Joaquim, sucessor de Josué, portanto, pelo ano 500 a.C.

Mas, conforme Zc 1,1, o profeta seria filho de um certo Baraquias e neto de Ado. Segundo uma tradição posterior, Zacarias teria sido assassinado (cf. Mt 23,35). Entretanto, essa tradição provavelmente confunde o profeta com o Sacerdote Zacarias, filho de Jojada, morto pelo Rei Joás (cf. 2Cr 24,20-21).

Segundo as indicações do próprio livro, o Profeta Zacarias exerceu sua atividade durante dois anos, isto é, do segundo (1,1-7) ao quarto ano (7,1) de Dario II, rei da Pérsia (522-486 a.C.). Assim, Zacarias pregou de outubro de 520 a novembro de 518. Portanto, Zacarias foi contemporâneo do Profeta Ageu e, como esse, procurou incentivar a comunidade dos repatriados do exílio.

Os dados cronológicos do Livro de Zacarias, como também os de Ageu, concordam com os dados do Livro de Esdras sobre a comunidade de Israel no pós-exílio e na reconstrução do Templo.

O livro

Como todos os livros proféticos, também o Livro de Zacarias, é uma obra redacional. Trata-se de um dos livros mais difíceis do Antigo Testamento. O livro é claramente formado por duas partes: Zc 1-9 e 9-14.

Por isso, uma grande parte dos exegetas falam de dois profetas: o Primeiro (ou Proto) Zacarias (Zc 1-8), que seria contemporâneo de Ageu, e um Segundo (ou Dêutero) Zacarias (9-14), um profeta anônimo que teria vivido no início da época persa, final do século IV ou III a.C.

Há ainda aqueles que propõem um Terceiro (ou Trito) Zacarias (12-14):

- **Zc 1–8**: Pode ser facilmente datado no período de Dario II, como afirma o texto de Zc 1,1. Esses capítulos contêm visões do profeta (1,7–6,15) e uma série de oráculos (7–8) que, às vezes, completam as visões, outras são totalmente independentes. As visões são descritas em primeira pessoa e, provavelmente, remontam ao próprio profeta. Já os oráculos são escritos na terceira pessoa, o que demonstra o caráter redacional deles. Nesses capítulos o profeta está entre os repatriados e anima-os com a esperança da era messiânica, como fizera também Ageu.

- **Zc 9–14**: Esses capítulos possuem um estilo completamente diferente. Há grande influência da literatura apocalíptica. Já não se narra mais visões, mas somente oráculos.

Há grandes diferenças entre as duas partes. Em Zc 1–8 os oráculos são breves e introduzidos pela fórmula: "Assim fala Iahweh...". Já os de 9–14 são composições muito amplas e introduzidas sem nenhuma fórmula. Além disso, os oráculos da primeira parte são muito parecidos entre si, ao passo que os da segunda parte possuem uma grande variedade de gêneros literários.

Em Zc 9–14, mais do que a era messiânica, se espera a era escatológica. Há uma visão mais universalista; anuncia-se a vinda de Iahweh como juiz universal, que fará desaparecer o mal e instaurará um mundo novo, onde os justos terão um lugar especial.

Mensagem

Em Zc 1–8 encontramos a mesma temática de Ageu, isto é, o anúncio da era messiânica. O "Resto de Israel", isto é, aqueles que retornaram do exílio, participará dessa era. Mas, para que isso aconteça, é necessário que o povo retorne à Aliança com Deus através da conversão. A conversão é a mudança da mentalidade, da vontade e da conduta que leva o pecador à fidelidade a Deus e à observância de sua Lei.

Como Ezequiel, também Zacarias proclama que o Senhor abandonou Jerusalém, e dispersou seu povo pelo mundo por causa das culpas das gerações passadas. Mas, agora, setenta anos depois, a ira e a cólera darão lugar à misericórdia divina. Agora o Senhor volta sua ira contra os povos que destruíram o Templo e a cidade santa.

De particular interesse nessa primeira parte é a doutrina sobre os anjos. Eles não são somente os mensageiros de Deus, mas também os intérpretes das visões.

Em Zc 9–14 se retoma o tema do messianismo real. O povo simples tinha interpretado as antigas profecias sobre o "filho de Davi" em sentido político nacionalista e sonhava com a vinda do rei prometido com o triunfo terreno e militar da "casa de Davi" sobre todos os reis da terra.

Zacarias, ao contrário, não sonha com a chegada de um grande conquistador, mas com um rei justo, manso e humilde, pacificador do mundo, desde Israel até as extremidades da terra. O Rei Messias de Zacarias é do tipo dos "anawim", isto é, um justo por excelência que fará sempre a vontade de Deus.

Ao contrário dos reis e guerreiros valorosos e cruéis, que se orgulhavam de suas próprias forças e coragem montados em cavalos fogosos, o Messias cavalgará um jumento. Foi assim que Jesus entrou em Jerusalém alguns dias antes de sua morte. Com o Profeta Zacarias o messianismo redescobre sua natureza pacífica, pobre e espiritual. Seu reino se estenderá de mar a mar.

3. ABDIAS

O profeta

Não sabemos nada sobre o profeta e até a datação de seus oráculos é problemática. Alguns autores preferem situá-lo no período anterior ao exílio. Mas suas palavras parecem adaptar-se melhor no período posterior ao exílio.

O livro

Com apenas 21 versículos, o Livro de Abdias é o menor de todos os livros do Antigo Testamento. Pode ser dividido em duas partes:

- Versículos 1-14: é um oráculo contra Edom.
- Versículos 15-21: fala da restauração de Judá no "Dia de Javé".

Mensagem

Seu objetivo é reconfortar os que retornaram purificados pelo exílio. Os edomitas, que aproveitaram a catástrofe de 586 a.C., para se vingar dos judeus, já estão sofrendo o castigo.

4. TERCEIRO ISAÍAS

Os capítulos 56–66 do Profeta Isaías se distinguem da primeira (Is 1–39) e da segunda parte (Is 40–55) do livro. A situação histórica, o conteúdo e a doutrina são diferentes. É ponto pacífico que esses capítulos pertencem a um anônimo profeta que viveu na época posterior ao exílio. Ao contrário do Segundo Isaías, a situação histórica desses capítulos já não é mais o exílio, mas a Palestina.

Como aconteceu com os oráculos do Segundo Isaías, também esses foram acrescentados ao Livro do Profeta Isaías, que viveu no século VIII a.C. Seu ponto de interesse é a cidade de Jerusalém, que se encontra em ruínas (62,4.11); o Templo ainda não foi reconstruído e as obras são dificultadas (66,1). Esses capítulos parecem refletir a época entre 520-510 a.C., isto é, logo após o retorno do exílio.

Os repatriados estão sem muitas esperanças e devem enfrentar muitas lutas internas. Existe uma profunda crise de fé porque as grandes promessas do Segundo Isaías não tinham sido realizadas plenamente.

Provavelmente, esse anônimo profeta era um fervoroso discípulo do Segundo Isaías. As afinidades literárias e doutrinais entre as duas partes o comprova.

O profeta insiste na observância da Lei, combate o sincretismo religioso e afirma que o atraso na salvação total é consequência das culpas do próprio povo.

Como para o Profeta Isaías, Deus é o "Santo de Israel". E essa santidade impregna tudo. Por isso se fala de "monte santo", "cidade santa", "povo santo".

Pela primeira vez no Antigo Testamento Deus é chamado "nosso Pai" (63,16).

5. JOEL

É muito difícil datar as profecias de Joel. A data mais aceita é por volta do ano 400 a.C. Em 4,2-3 há uma clara referência ao exílio.

O Profeta

Não sabemos absolutamente nada sobre o profeta. Apenas o nome de seu pai, Fatuel. Parece ter vivido e pregado em Jerusalém. Muitos o consideram um profeta cultural por causa de seu grande interesse pelo Templo.

O livro

O livro é normalmente dividido em duas partes:

- Capítulos 1 e 2: o profeta fala de uma invasão de gafanhotos como presságio do Dia de Javé.

- Capítulos 3 e 4: o profeta anuncia a efusão do Espírito do Senhor sobre todas as pessoas e o julgamento das nações no Vale de Josafá.

A mensagem

Todo o Livro de Joel é dominado pela temática da chegada do "Dia de Javé". Esse dia será terrível. Mas Javé é compassivo e clemente, paciente e misericordioso (2,13). Para descrever esse Dia, ele serviu-se da imagem da invasão de gafanhotos. Convidou o povo à conversão, ao jejum, para que o "Dia de Javé" seja um dia de salvação, e não de condenação.

A liturgia da Quaresma se serve do texto de Joel para convidar todos à conversão (Jl 2,12-17). E nos Atos dos Apóstolos, Pedro interpreta a efusão do Espírito Santo em Pentecostes como a realização da profecia de Joel 3,1-2 (At 2,16-21).

6. MALAQUIAS

O Livro de Malaquias encerra a série de profetas bíblicos.

Certamente o profeta pregou depois de 515 a.C. quando o Templo já tinha sido reconstruído e o culto funcionava há muito tempo (1,10; 3,1-10). Embora a reforma de Esdras de 398 a.C. sobre os matrimônios ainda não tivesse acontecido, o profeta procurou restabelecer a sua santidade restringindo a permissão para o divórcio (2,16).

A data aproximativa para esse profeta pode ser pelo ano 450 a.C.

O Profeta

Não conhecemos nada sobre o profeta. Seu nome "Malaquias" parece ser a tradução errada da expressão "meu mensageiro" (3,1). De fato, Malaquias significa "Javé é o meu mensageiro". Jamais um judeu teria dado esse nome a seu filho. É uma falta de respeito para com Deus.

Os exegetas modernos preferem falar de um autor anônimo. Por sua parte, São Jerônimo atribuiu o livro a Esdras.

O profeta se mostra um patriota inimigo dos edomitas (1,2-5); incapaz de tolerar os matrimônios mistos pelo temor de que os pais se tornassem impuros.

Seu estilo é catequético, pois quase todos seus ensinamentos começam com uma pergunta ou com uma afirmação de Deus. Isso permite ao profeta desenvolver seu pensamento de forma breve.

Mensagem

O autor parte de uma afirmação importante: *"Eu vos amei, diz o Senhor"* (1,1). E questiona o amor dos sacerdotes que prestam um culto superficial, que desprezam o nome do Senhor, que profanam os sacrifícios.

Não são apenas os sacerdotes que desonram o Senhor. Também aqueles que se casaram com mulheres de outras raças. Os casamentos mistos e os divórcios são profanações do nome do Senhor. O mesmo se aplica à oferta do dízimo que não são sinceras.

Um texto de Malaquias é recordado no Novo Testamento: *"Vou enviar-vos o profeta Elias antes que chegue o dia do Senhor, grande e terrível"* (3,23).

Muitos judeus pensavam que Jesus não fosse o Messias, mas Elias que vinha preparar sua chegada. Também João Batista foi identificado com Elias por causa de sua pregação em vista da chegada do Messias.

7. JONAS

O profeta

Antigamente o autor do livro foi identificado com Jonas, filho de Amitai, que viveu no século VIII a.C., na época de Jeroboão, rei de Israel (2Rs 14,25). Hoje é ponto pacífico que se trata de pessoas diferentes.

O Livro de Jonas é normalmente datado entre os anos 400 e 200 a.C.

Gênero literário

Ainda que não haja acordo para definir o gênero literário do Livro de Jonas, todos concordam que não se trata de um livro histórico, nem profético. O livro não contém nenhum oráculo como os outros livros proféticos.

O livro se parece mais a uma lenda ou a uma narração didática, como os livros de Rute, Tobias, Judite e Ester. Alguns elementos parecem lendários, como um peixe tão grande que consegue engolir o profeta; uma planta que nasce, cresce e morre no dia seguinte.

O objetivo do autor não é contar a história de Jonas, mas transmitir um ensinamento profundo.

O livro

A trama do livro pode ser dividida em quatro episódios:

Capítulo 1: Jonas, filho de Amitai, recebeu a ordem divina de ir à cidade de Nínive anunciar que a maldade de seus habitantes chegou até Deus. Jonas não obedeceu, pois Nínive era a capital da Assíria que tinha destruído o reino de Israel. Por isso, foi para Jope, onde embarcou em um navio que rumava para Tarsis.

Deus, então, enviou uma tempestade que quase afundou o navio. Enquanto os marinheiros lutavam contra a tempestade e rezavam a seus deuses, Jonas dormia no porão do navio. Os marinheiros procuraram aliviar o navio jogando ao mar as coisas mais pesadas. Por fim tiraram a sorte para ver quem era o culpado pela tempestade. E a sorte caiu sobre Jonas que confessou que estava fugindo de seu Deus. Então, para acabar com a tempestade, os marinheiros jogaram Jonas ao mar. E a tempestade cessou imediatamente.

Capítulo 2: Deus enviou um enorme peixe que engoliu Jonas e ele ficou três dias no ventre do peixe. Durante esse tempo, Jonas cantou um hino de louvor a Deus que o salvou. Por ordem de Deus o peixe o vomitou vivo na praia.

Capítulo 3: Pela segunda vez Deus enviou Jonas para Nínive, para anunciar que a cidade seria destruída em quarenta dias. Dessa vez, Jonas obedeceu. Diante de sua pregação toda a cidade fez penitência, jejum e se converteu. Deus se comoveu e não destruiu a cidade.

Capítulo 4: Jonas, então, entrou em crise, porque Deus tinha perdoado os ninivitas e desejou morrer. Através da imagem de um arbusto que nasceu de manhã, cresceu rapidamente, e logo morreu, Deus faz Jonas descobrir toda a sua misericórdia.

Mensagem

A mensagem do livro pode ser resumida em uma frase: Deus é misericordioso e quer salvar a todos.

Nínive era uma cidade pagã, capital do Império Assírio. A Assíria destruiu o reino de Israel, invadiu o reino de Judá. Os profetas Naum e Sofonias tinham anunciado o castigo divino sobre a Assíria. Jonas, ao contrário, deve anunciar a salvação.

A grande novidade do livro é que a salvação foi oferecida aos pagãos. A única condição para a salvação é o arrependimento e a conversão.

Através da mamoneira que secou, Deus explicou a Jonas porque salvou os ninivitas:

> *"Será que está certo que te aborreças por causa da mamoneira? E ele disse: Sim! Está certo que eu me aborreça até a morte. E o Senhor disse: Tu tens pena da mamoneira, que não te custou trabalho e que não fizeste crescer, que em uma noite brotou e em uma noite pereceu. E eu não deveria ter pena de Nínive, a grande cidade, onde há mais de cento e vinte mil pessoas que não distinguem entre direita e esquerda, assim como muitos animais?"*(Jn 4,9-11).

8. DANIEL

O livro leva o nome de seu protagonista, Daniel, que se apresenta como um judeu que viveu na cidade de Babilônia durante os últimos anos do Império Babilônico e no início do Império Persa. Isto é, durante a maior parte do século VI a.C.

Segundo o próprio livro, Daniel e seus amigos foram levados para Babilônia por Nabucodonosor no terceiro ano do Rei Joaquim, isto é, pelo ano 606 ou 605 a.C. (Dn 1,1-7). Ora, a história de Israel não menciona nenhuma deportação de judeus, mesmo que pequena, nessa época. Sabemos que após a vitória de Nabucodonosor sobre o faraó do Egito na batalha de Carquemis, em 605 a.C. Joaquim, Rei de Judá, tornou-se vassalo da Babilônia (2Rs 24,1).

Daniel sobressaiu-se a seus companheiros por sua grande sabedoria, fidelidade a Deus e pelo dom de interpretar sonhos. Por isso recebeu muitas honras dos soberanos babilônios e tornou-se o personagem principal do livro.

O autor

A tradição cristã identificou o autor do livro com seu personagem principal. Mas o personagem Daniel é totalmente desconhecido. Conforme o Primeiro Livro das Crônicas (3,1), um dos filhos de Davi tinha esse nome. Também um dos judeus que retornaram do exílio no tempo de Esdras e Neemias, na segunda metade do século V a.C., se chamava Daniel (Esd 8,2; Ne 10,7).

O Profeta Ezequiel cita um certo Daniel, ou mais exatamente, Danel, judeu piedoso e sábio (Ez 14,14.20). Mas esse personagem teria vivido muito tempo antes de Ezequiel.

A crítica histórica e literária sugere que o livro foi escrito na época dos Macabeus, no século II a.C.

De fato, o autor faz confusão com a cronologia dos reis da Babilônia ao afirmar que o Baltazar era filho de Nabucodonosor (5,1-2). Ora, Baltazar era filho de Nabônides, o último rei da Babilônia.

Por outro lado, o autor é bastante preciso ao falar de Antíoco IV Epífanes, rei da Síria, que viveu no tempo dos Macabeus (175-165 a.C.). Tudo leva a crer que o autor viveu na época dos Macabeus, e não na Babilônia no final do século VI a.C.

Sem dúvidas, o autor do livro é um anônimo judeu do século II a.C. Ele se serviu da pseudonimia, isto é, atribuiu a sua obra a um personagem do passado para lhe dar mais crédito.

O livro

O livro pode ser dividido em três partes distintas.

- Os capítulos 1 a 6 contêm uma série de histórias edificantes sobre Daniel e seus três companheiros.

- Os capítulos 7 a 12 são escritos com o uso do gênero literário apocalíptico, e narram quatro visões de Daniel.

- Os capítulos 13 a 14 são um apêndice e narram a história de Susana (Dn 13), dos sacerdotes do deus Bel (Dn 14,1-22) e do ídolo dragão (Dn 14,23-42).

O livro foi escrito em três línguas. Em hebraico foram escritos 1,1-4a; 8-12. Em aramaico 2,4b–7,28 e em grego 3,24-90 e 13-14. É difícil explicar o porquê dessa mistura de línguas.

Gênero literário

A primeira parte, capítulos 1 a 6 é formada por uma série de histórias acontecidas na Babilônia. A intenção do autor é mostrar a fidelidade de Daniel e seus amigos à fé de Israel. Deus recompensa a fidelidade salvando-os de vários perigos.

Não importa se as histórias são verdadeiras. Provavelmente não o são. Importa a mensagem que é transmitida. São histórias edificantes.

A segunda parte, capítulos 7 a 12, pertence ao gênero literário apocalíptico. Os acontecimentos do presente e do passado são transmitidos em forma de visões, que são interpretadas por um anjo.

Portanto, o livro apresenta histórias edificantes e textos apocalípticos.

Mensagem

O objetivo do autor era exortar os judeus a permanecerem fiéis à fé que receberam de seus antepassados. Antíoco IV, com sua política de helenização de seu reino, do qual Israel fazia parte, profanou o Templo, proibiu a circuncisão, queimou os textos sagrados e obrigou os judeus a desobedecerem a Lei de Moisés.

Diante dessa situação era necessário exortar os judeus à fidelidade ao seu Deus. E Deus recompensaria a fidelidade salvando seu povo de todos os perigos, como salvou Daniel e seus amigos da fornalha ardente ou da cova dos leões. Os que são fiéis ressuscitarão para a vida eterna (12,2).

Ao mesmo tempo, o autor procura demonstrar que Deus é o senhor da história. Ele conhece e dirige os acontecimentos da história. A apocalíptica surgiu no período de perseguição com o objetivo de animar os que sofriam. Deus conduzirá a história a bom termo fazendo triunfar o bem sobre o mal.

Ao evitar o título de Messias, Jesus preferiu servir-se de uma expressão do Livro de Daniel: Filho do Homem (12,13). Essa figura enigmática indica alguém semelhante a um ser humano que vem do céu e recebe de Deus, o ancião de muitos anos, domínio, glória, realeza e seu reino nunca terá fim.

O Livro de Daniel, sobretudo suas partes apocalípticas, é usado por muitas seitas com o objetivo de prever o fim do mundo, e para condenar pessoas e mesmo regimes políticos como demoníacos. Por exemplo, os reinos simbolizados pelos quatro animais são aplicados gratuitamente a pessoas e governos atuais.

Uma interpretação séria do texto sagrado não nos permite tais atribuições gratuitas, resultado das vontades individuais.

REFERÊNCIAS

ABREGO DE LACY, J.M. *Os Livros Proféticos* – Introdução ao estudo da Bíblia. Vol. 4. São Paulo: Editora Ave-Maria, 1998.

AMSLER, S. et al. *Os profetas e os Livros Proféticos* – Biblioteca de ciências bíblicas. São Paulo: Paulinas, 1992.

ASURMENDI, J. *O profetismo das origens à época moderna* – Temas bíblicos. São Paulo: Paulinas, 1988.

ASURMENDI, J.M. *Isaías 1-39* – Cadernos bíblicos 6. São Paulo: Paulinas, 1980.

BALARINI, T. & BRESSAN, G. *Profetismo e profetas em geral*. Introdução à Bíblia II/3. Petrópolis: Vozes, 1977.

BOGGIO, G. *Joel, Baruc, Abdias, Ageu, Zacarias, Malaquias* – Os últimos profetas. Pequeno comentário bíblico/AT. São Paulo: Paulinas, 1995.

_____. *Jeremias, o testemunho de um mártir*. Pequeno comentário bíblico/AT. São Paulo: Paulinas, 1984.

BONORA, A. *Naum, Sofonias, Habacuc, Lamentações* – Sofrimento, protesto e Esperança. Pequeno Comentário bíblico/AT. São Paulo: Paulinas, 1993.

_____. *Amós, o profeta da justiça*. Pequeno comentário bíblico/AT. São Paulo: Paulinas, 1983.

MAILOT, A. & LELIÈVRE, A. *Atualidade de Miqueias* – Um grande profeta menor. São Paulo: Paulinas, 1980.

MARCONCINI, B. *Daniel* – Pequeno comentário bíblico/AT. São Paulo: Paulinas, 1994.

MONARI, L. *Ezequiel, um sacerdote profeta* – Pequeno comentário bíblico/AT. São Paulo: Paulinas, 1992.

MONTAGNINI, F. *Isaías 1-39* – O olhar do profeta sobre os acontecimentos da história. Pequeno comentário bíblico/AT. São Paulo: Paulinas, 1993.

MONLOUBOU, L. *Os profetas do Antigo Testamento* – Cadernos bíblicos 39. São Paulo: Edições Paulinas, 1986.

SCALABRINI, Patrício Rota. *Livros Proféticos* – Introdução aos estudos bíblicos. Petrópolis: Vozes, 201

SCHWANTES, Milton. *A terra não pode suportar suas palavras* – Reflexão e estudo sobre Amós. São Paulo: Paulinas, 2004.

SCHOEKEL, A. & SICRE DÍAS, J.L. *Profetas* – Grande comentário bíblico. Vol. I e II. São Paulo: Paulinas, 1988.

SICRE DIAS, J.L. *Com os pobres da terra* – A justiça social nos profetas de Israel. São Paulo: Paulus e Academia Cristã, 2011.

_____. SICRE DIAS, J.L. (org.). *Os profetas*. São Paulo: Paulinas, 1998.

_____. *Profetismo em Israel* – O profeta. Os profetas. A mensagem. Petrópolis: Vozes, 1996.

SICRE DIAS, J.L. STEINMAN, J. *O livro da consolação de Israel e os profetas da volta do exílio* – Estudos Bíblicos. São Paulo: Paulinas, 1976.

COLEÇÃO
INTRODUÇÃO À BÍBLIA

Pe. José Carlos Fonsatti, CM

- *O Pentateuco – Introdução geral*
- *Introdução à Bíblia*
- *Os Livros Históricos da Bíblia*
- *Os Livros Proféticos*
- *Os Salmos e os Livros Sapienciais*
- *Introdução aos Quatro Evangelhos*

LEIA TAMBÉM:

COLEÇÃO
Introdução à Bíblia

Pe. José Carlos Fonsatti, CM

Introdução à Bíblia tem como objetivo apresentar aos que iniciam seus estudos da Palavra de Deus uma série de informações importantes e indispensáveis para a compreensão do sentido do texto sagrado.

Esse livro apresenta uma introdução geral com o objetivo de contribuir na compreensão daqueles que desejam conhecer a Palavra de Deus. Sua proposta está organizada em seis capítulos nos quais o autor discorre sobre as noções gerais relacionadas à formação, à organização, à inspiração, às traduções, à composição e à interpretação da Bíblia.

É um texto para ajudar aqueles que iniciam seus estudos da Sagrada Escritura a melhor compreender o sentido do texto sagrado.

Pe. José Carlos Fonsatti, CM – sacerdote da Congregação da Missão (Vicentinos). Mestre em Exegese Bíblica pelo Pontifício Instituto Bíblico de Roma (1980). Foi vice-diretor do Centro Internacional de Formação São Vicente de Paulo em Paris (2006-2012). Professor de Sagrada Escritura na Faculdade Vicentina (FAVI) e assessor do curso de Bíblia do IAFFE (Instituto Arquidiocesano de Formação na Fé) em Curitiba.

CULTURAL
Administração
Antropologia
Biografias
Comunicação
Dinâmicas e Jogos
Ecologia e Meio Ambiente
Educação e Pedagogia
Filosofia
História
Letras e Literatura
Obras de referência
Política
Psicologia
Saúde e Nutrição
Serviço Social e Trabalho
Sociologia

CATEQUÉTICO PASTORAL
Catequese
  Geral
  Crisma
  Primeira Eucaristia

Pastoral
  Geral
  Sacramental
  Familiar
  Social
  Ensino Religioso Escolar

TEOLÓGICO ESPIRITUAL
Biografias
Devocionários
Espiritualidade e Mística
Espiritualidade Mariana
Franciscanismo
Autoconhecimento
Liturgia
Obras de referência
Sagrada Escritura e Livros Apócrifos

Teologia
  Bíblica
  Histórica
  Prática
  Sistemática

REVISTAS
Concilium
Estudos Bíblicos
Grande Sinal
REB (Revista Eclesiástica Brasileira)

VOZES NOBILIS
Uma linha editorial especial, com importantes autores, alto valor agregado e qualidade superior.

PRODUTOS SAZONAIS
Folhinha do Sagrado Coração de Jesus
Calendário de mesa do Sagrado Coração de Jesus
Almanaque Santo Antônio
Agendinha
Diário Vozes
Meditações para o dia a dia
Encontro diário com Deus
Guia Litúrgico

VOZES DE BOLSO
Obras clássicas de Ciências Humanas em formato de bolso.

CADASTRE-SE
www.vozes.com.br

EDITORA VOZES LTDA.
Rua Frei Luís, 100 – Centro – Cep 25689-900 – Petrópolis, RJ
Tel.: (24) 2233-9000 – Fax: (24) 2231-4676 – E-mail: vendas@vozes.com.br

UNIDADES NO BRASIL: Belo Horizonte, MG – Brasília, DF – Campinas, SP – Cuiabá, MT
Curitiba, PR – Fortaleza, CE – Juiz de Fora, MG – Petrópolis, RJ – Recife, PE – São Paulo, SP